大夏书系 | 教师专业发展

教师成长的奥妙

榜样教师这样做

郝晓东 王小龙 —— 主编

华东师范大学出版社
·上海·

图书在版编目（CIP）数据

教师成长的奥妙：榜样教师这样做／郝晓东，王小龙主编.
—上海：华东师范大学出版社，2025. ISBN 978-7-5760-5980-9

I. G635.12

中国国家版本馆 CIP 数据核字第 2025TP4640 号

大夏书系 ┃ 教师专业发展

教师成长的奥妙：榜样教师这样做

主　　编　　郝晓东　王小龙
策划编辑　　卢风保
责任编辑　　万丽丽
责任校对　　杨　坤
封面设计　　奇文云海·设计顾问

出版发行　　华东师范大学出版社
社　　址　　上海市中山北路 3663 号　邮编 200062
网　　址　　www.ecnupress.com.cn
电　　话　　021-60821666　行政传真 021-62572105
客服电话　　021-62865537
邮购电话　　021-62869887
地　　址　　上海市中山北路 3663 号华东师范大学校内先锋路口
网　　店　　http://hdsdcbs.tmall.com/

印 刷 者　　三河市龙林印务有限公司
开　　本　　700×1000　16 开
印　　张　　15
字　　数　　222 千字
版　　次　　2025 年 4 月第一版
印　　次　　2025 年 4 月第一次
印　　数　　6 100
书　　号　　ISBN 978-7-5760-5980-9
定　　价　　65.00 元

出 版 人　　王　焰
（如发现本版图书有印订质量问题，请寄回本社市场部调换或电话021-62865537联系）

目录

教师成长的奥妙：榜样教师这样做

前　言

郝晓东

　　2002 年 6 月，新教育开通了"教育在线"网站，后来很快成了规模较大的全国性教师在线专业发展共同体。2009 年，在"教育在线"的基础上，新教育实验网络师范学院（现更名为"新教育网络教师学习中心"，简称"新网师"）成立。"新网师"成立至今，始终秉承新教育理念，自觉践行新教育教师成长理论，坚持引领广大一线教师书写生命叙事，促进职业认同，以"专业阅读、专业写作、专业交往"促进专业发展。从提交阅读史，到选修课程，再到撰写年度生命叙事，数万名教师在"新网师"擦亮生命，获得成长，把平淡无奇的日子变得绚烂精彩、富有诗意，体验到了幸福完整的教育生活。

一

　　职业生涯叙事是教师对自我职业经历的一次全面梳理和深刻反思。撰写职业生涯叙事对于增强职业认同、唤醒自主成长意识、提升自主成长能力、明晰职业生涯规划有重要的价值；对于激发个体的主体性，自觉思考"我是谁""我从哪儿来""我到哪儿去"等人生重大问题有深刻的意义。以撰写职业生涯叙事促进教师自主成长，是"新网师"的一大探索。

　　20 位教师的职业生涯发展既是当代中国千万中小学教师成长的一个缩影，

也是新教育教师成长的典型案例。邱常培、马增信、李文红三位"中师生"的职业生涯，扎根家乡，将青春时光默默奉献给了教育事业。刘玉香老师的职业生涯，角色多样，在乡村学校先后担任音乐、数学、地理教师，最终回归为数学教师。李苑桃老师经历了企业策划师、教辅机构教师、学校教师的角色变化，最终在教师职业中找到了自己。何刚老师持续学习，从乡镇中心小学到县城师范附小，在脱产进修后进入省城的民办学校。郭红梅老师所学为财务会计专业，为成为教师而自修了汉语言专业，通过独立自学，改写了职业生涯。频繁的岗位变化练就了老师们的坚韧与不屈，持续的专业学习让生命变得丰富多彩。他们虽然来自不同的区域和学校，经历了不同的学习与成长历程，但有一点是相同的，那就是因为遇到新教育，职业生涯弹奏出了生命最强音。在他们的工作经历中，也曾有过对应试分数的渴望，也曾遇到过挥之不去的职业倦怠，但他们在加入"新网师"后，开始自觉的专业阅读和孜孜不倦的专业写作，职业观念发生根本性转向，教育行为从被动转向主动。

一滴水珠可以折射出七彩阳光。每位老师的职业发展路径虽然各不相同，但揭示了教师成长共同的奥妙。

第一，教师成长离不开职业认同。职业认同关乎人生的理想、意义、追求及对教师职业内外价值的理解。只有具有高度的职业认同感，才能对教育事业充满热爱，饱含激情，才可能从优秀朝向卓越。只有在职业中体会到归属感，教师的专业发展才从被动转为主动，从"他主"转为"自主"。本书中不少教师在职业生涯中遭遇过迷茫与困惑，遇到过专业发展的"高原期"。之所以能突破成长瓶颈，重新焕发对教育的激情，首要的因素是他们遇到新教育而重新理解了教育的价值和意义，加深了对教师职业的认同。

第二，教师成长需要"三专"模式。"专业阅读、专业写作、专业交往"是新教育人在20多年教育实践中总结凝练而成，受到越来越多教师的认可，得到了反复验证的促进教师专业发展的有效途径。20位教师正是"三专"模式的生动实践者和实际获益者。专业阅读是站在大师的肩膀上前行。他们在"新网师"的引领下，转变消遣性、休闲型、愉悦式阅读，开展深度啃读、经典共读、研究性和主题式阅读。专业写作是站在自己的肩膀上攀升。他们在

"新网师"中，批注文本、完成作业，书写生命叙事，撰写教育论文，写作成了一种自然而然的生活方式、学习方式和工作方式。专业交往是站在团队的肩膀上飞翔。他们因为加入"新网师"这个专业学习共同体而开始了真正的专业交往。他们在共同体中分享表达，互动交流，对话碰撞，逐渐突破固有认知壁垒，重塑教育观念，改变教育行为。

第三，教师成长需要榜样引领。在某种程度上，教师成长的过程是不断寻找榜样的过程，是反复确认和朝向"自我镜像"的过程，是不断追问"我要成为谁"的过程。在榜样教师的示范和激励下，许多原本处于职业倦怠期和职业生涯末期的教师，重新焕发出新的成长活力。20多年前的"教育在线"之所以唤醒了一大批教师的教育激情，就是因为其中汇聚了一批榜样教师。今天，本书中的老师们以李镇西、管建刚等名师为榜样，扎根教室，坚持读写，在追逐榜样的过程中也成为他人心目中的榜样。

二

作为以普通教师的职业生涯叙事编辑成的一本书，其价值是什么？

第一，为了解新教育教师提供了样本。与大多数教师相比，新教育教师有哪些不同？有什么特质？这是我很早就思考过的问题。2009年，朱永新老师就在《我的教育理想》一书中，勾勒了理想教师的八点特质：胸怀理想，充满激情和诗意；自信自强，勇于挑战自我；善于合作，富有人格魅力；充满爱心，受学生尊敬；追求卓越，富有创新精神；勤于学习，不断充实自我；关注人类命运，具有社会责任感；坚韧刚强，不向挫折弯腰。其实，这也是我期望的新教育教师的精神特质。有人尝试按图索骥，发现这些对理想教师的描述似乎只能应验在教育名家身上，普通教师很难拥有。但阅读完本书后，你会感觉到来自教育教学一线的教师和校长，已经将这八点特质不同程度地诠释了出来。

第二，为教师规划职业生涯提供了启示。不少教师重完成工作，轻职业生涯规划。平日只是踏实工作，认真完成教育教学任务，对自己的长远职业发展并没有太多的考虑，或者即便有想法也没有勇气去实现。本书中的教师在职业生涯中，有的主动求变，有的被动改变。他们因转变带来的变化，能给许多教师在规划自己的职业生涯时，提供可借鉴的宝贵经验和启发，明晰教师职业生涯发展的各种可能和底层逻辑。

第三，为中国教师成长探索了新路径。长久以来，在大多数教师的观念中，谋求个人成长往往有两条路径：一条是"行政路径"，另一条是"职称路径"。前者谋求职务的提升，后者重在晋升职称，这两条路径基本涵盖了大多数教师的职业生涯。从专业角度看，职务和职称的"升级"，并不必然代表教师内在专业素养的提升。新教育认为，教师成长的第三条路径是"专业路径"，即通过持久的专业学习、自我反思，丰富专业知识，完善认知结构，提升专业能力。20位教师无一例外地走上了这条"少有人走的路"，都在从经验型教师向专家型教师转变道路上奋力跋涉。

三

新时代需要建立一支高素质、专业化、创新型的教师队伍。新教育应当积极呼应时代召唤，自觉承担时代使命，为培养造就一大批具有较高教育素养的教师做出贡献。我期待"新网师"能一如既往扎实践行新教育的使命、愿景和价值观，持续创新教师成长模式，通过线上线下多种方式，遴选优秀的种子教师，指导教师在职研修计划，助力教师制定生涯发展规划。我希望更多教师以书中的教师为榜样，终身学习，善于研究，知行合一，努力过一种幸福完整的教育生活。我更期望本书中的教师不骄不躁，持之以恒，踔厉奋发，在成就学生的过程中成就自己，在成就自己的同时彰显和传承新教育的精魂，在下一个十年，书写更精彩的人生故事。

第一章

唤醒灵魂，明确此生使命

茨威格说："一个人生命中最大的幸运，莫过于在他年富力强的时候，发现了自己的人生使命。"什么是使命？使命是一份重大的责任，让人心甘情愿终其一生去奋斗，衣带渐宽终不悔。

教书育人是教师的使命，但教师的使命感不是站上讲台就自然而然地产生的。发现使命的过程，往往是遭遇危机后的顿悟，是生活磨炼后的洞察，是经历一次又一次或成功或失败后的豁然。"一场磨难，是一场洗礼；一场伤痛，是一场觉醒。"顿悟后明确此生使命，从此，生命有了明亮的朝向。

嬗变与坚守

陈翠清

迟迟没有动笔，是不知从何写起。20 年的职业生涯，真正回顾时，发现很多事不值一提，很多事不愿再提。今天终于开始书写，无论如何，这都是我自己的人生。

一、"缘"来如此

2003 年是我人生一个重要的转折点，于财经大学经贸外语专业学习了四年的我毕业了。大学期间，主修经贸英语，辅修法律，考取了许多资格证书，唯独没有教师资格证。毕业前，我在北京找到了一份工作，但一场突如其来的疫情——"非典"，改变了我的人生轨迹。疫情最严重的时候，我被困在石家庄一个月，心里极度恐惧，当时通讯也没有现在发达，手机一分钟六角钱的资费不容我给家人长时间打电话，我异常想念妈妈。于是，在乘坐运煤车辗转回家之后，我做了一个决定：留在妈妈身边，不再离开。我推掉了北京的工作，当时也没多想我的专业在这个落后的小城会有什么出路。排除专业对口这一项，没费什么周折，我便在家乡一所刚成立的中学找到了一份初中英语教师的工作，并且一干就是 20 年。

也许是命中注定吧，一场突如其来的"危机"使我不经意间和"教师"这个神圣的职业结下了不解之缘。博尔诺夫在《教育人类学》中指出，人们通常把突然出现的较大的且又令人忧虑的中断了连续生活进程的事件称为危机，这些危机的发生是做出最后决断的关键时刻。因为"非典"被困他乡的孤单无依改变了我的选择，以至于现在我都会偶尔想起，如果没有"非典"，我的生活将会怎样。

二、因为爱，所以爱

由于我是非师范院校毕业生，学校安排我跟一位名师学习。整整半年，我每天听课，辅导自习，和学生们一起笑闹，其乐无穷。从听课中，我学到了很多实用的教学技能。所以，正式登上讲台后，老教师们都评价我不像新手。像很多初出茅庐的教师一样，我对教学工作投入了极大的热情，每天花大量时间备课，设计游戏活动，做课件到深夜。课堂上，激情满满；课下，抓住一切机会辅导学生。凭借着这种热情与干劲，入职仅仅两年，我就获得了省级荣誉。当然，也有成绩方面的回报。一届学生毕业后，我又接连带了两个初三班，均取得了不错的中考成绩。

任何生命，最初都蕴含着无穷的生命力和可能性，这是生命的浪漫阶段。这些年，我从来没有问过自己我是谁，要成为谁，觉得自己天生就是教书的料。幸运的是，在登上讲台之前，我有一段缓冲期去学习一些教学技能，靠着模仿名师的一招一式，我站稳了讲台。在这一时期，凭着想法、创意、激情和努力就能走得比较顺利，但缺少了专业性。回头看，当时所做的一切更多地体现在技术层面，没有把握住课堂的精髓，没有和学生一起发掘"知识"这一伟大事物的魅力。在这一阶段，我没有思考过专业发展的事情，然而没有高度的专业发展，教育何以实现？也曾因少年得志而沾沾自喜，把平台当成自己的本事。这些，都为以后的挫折埋下了伏笔。

三、意气风发

2009 年，我如愿当上了班主任。兴许我是一个"有心"的人吧，没带班的时候就经常帮助班主任们处理一些班级管理事务。也看了一些书，比如魏书生老师的《班主任工作漫谈》，王金战老师的《学习哪有那么难》，还有李镇西老师的《爱心与教育》等，学到了很多"兵法"。没有一项工作是白干的，一切的付出都会在将来的某个时刻给予自己馈赠。

我对班主任工作投入了大量的时间、精力和热情。当时，儿子仅仅一岁多，看惯了单位里老教师们的默默奉献，觉得抛家离子是一种无上的光荣。于是，我把孩子全权托给家人，一门心思投入到带班工作中。因为年轻，我和学生们亦师亦友。那时的我很体谅学生，给他们充裕的时间活动，全然不顾考试即将来临。我还利用班会和每天晨检、午检时间给学生们读书，比如《木偶奇遇记》《小王子》《我为什么读书》等，带领他们共同探讨书中传递出来的意义。反过来，他们回报我的是全校第一的中考成绩，我们班最终被评为"优秀班集体"，而我也评上了"优秀班主任"。当我把这个消息告诉学生们的时候，他们说："我们记得您跟我们说过想被评为优秀班主任，所以，我们都憋着劲儿要给您圆梦呢。"听完这话，我泪流满面。他们上高中后还会给我写信："陈姐，多想再回到您的班上，多想再上您的英语课。"

新教育强调教师专业发展的"三专"模式，即专业阅读、专业写作和专业交往。专业阅读的根本任务是"构造合宜的大脑"，关键是要用知性阅读的方式研读根本书籍，包括心理学、教育学、哲学经典、所教学科的知识精华和成功案例等。看班主任"兵法"，是我专业阅读的开始，只是层次还比较浅，我从这些书籍中学到的更多的是技术而非相关的底层逻辑，所以不会变通。不过，这些前辈对教育的热爱深深感染了我。也因为看了这些书，我没有侵占学生们的课余时间，没有压抑他们的天性，因此也赢得了他们的爱戴。给学生们读书，于无意中带领他们走上了"共读"的路，师生共同编织美好的生命。

遗憾的是，当时没有进行专业写作，因此很多教育教学过程中的精彩时刻没有被记录下来。而全情投入工作不顾家，虽然舆论对于这种行为大肆褒奖，但其实是极其不健康的职业现象。长期对于家庭和孩子的忽略会给整个家庭带来不可挽回的伤痛，也会造成教师的自我"分离"。

四、囚徒困境

转眼又一届，我厌倦了班主任工作。到了带初三班时，我的儿子零基础上小学跟不上节奏，爱人换了一个工作岗位，天天加班到深夜，孩子由我全权负责，放学后，在我办公室写作业。初三下晚自习是 10:30，如果要查寝就到了 11:00。经常，孩子到晚上 10:30 才能跟我回家，有些时候，这个点儿作业还没有写完。我经常大发雷霆，对学生和孩子都没有了昔日的友好。也许是太累了，也许是压力太大了，我陷入了深深的焦虑之中，身体状况也大不如前。甚至有时候会盼着出一个不大不小的车祸，让我休息几天。我开始不断地问自己，"我以后就这样吗？""我该怎么办？"想想就很绝望。

海德格尔说："以什么为职业，在根本意义上，就是以什么为生命意义之所寄托。"如果说一个人一生的意义是源自"我是谁"的追问，那么，他的职业本来应该是对"我是谁"这个根本问题的最终回答。作为一名教师，也就意味着传道、授业、解惑，并用人类文化知识和价值体系塑造人类灵魂，是一生意义的所在。而这一切的基础是教师的自我认同和完善。读了帕克·帕尔默的《教学勇气》之后，我诊断出当年的状态是由于自我分离，自认自己还是有正确教育理念的，但学校乃至整个社会"拜分主义"盛行，教师工作时间之长、对象之复杂、压力之大、竞争之激烈使教师们产生了职业倦怠。病态的竞争使教师们陷入"囚徒困境"不能自拔，丧失了对真理的不懈追求和对生命意义的永恒探寻。一边是规章制度和考核方式，一边是内心的理念和底线，左右为难。我觉得自己的理念是正确的，但缺少专业理论的支撑，不能也不敢坚持。加之对自己的孩子缺少关心而欠下的债，我处于极度焦虑之中，这是自我与教育最为分离的一段时间，感觉自己像游离于这个世界之外的孤魂。当自己不快乐时，会在无形中影响到周围的人，受伤的是我心心念念为之付出的学生们。

那段时间，我投入到了书的世界里，林林总总读了几百本书。我不断调整，慢慢从自己的情绪中走了出来，开始寻找自己生命的意义，实现自我救赎。

五、重整旗鼓

那天，我发了一条短信，将我的状态告诉领导，请求辞掉班主任工作。我需要调整状态，否则会害了自己也害了学生。领导同意了，我又"活"了过来。我更多地关注我的课堂，大胆进行改革。同时，我担任了初三年级英语学科的备课组长。那是在 2016 年，中考研讨会上提出了"话题整合"的复习模式。以往，初三总复习第一轮是过课本，但效果并不好。课改的方向没错，我认真读了几遍课标后做出决定，就按照话题整合复习，在教研活动时我提出了这一点，老师们怨声载道。有的老师说："我不会，就不参与了。"还有的老师背后说："真把自己当回事儿。"我很委屈，但想着，既然领导信任，我就要打破以往的模式。倔强的我告诉自己，老师们不接受是正常的，慢慢来。我先做了一个话题课件的模板，并上了一节示范课，赢得了不少老师的支持。于是，我们划分任务，按照我提供的模板，每人 1~2 个话题，精心准备，设计方案，做出课件，然后商讨共享，极大地减少了总复习期间老师们的备课量，我们的设计成果之后几年的毕业班都在使用。

2018 年，机缘巧合，我了解了"思维导图"，就在网上报了一个思维导图学习班，从此带领学生们走上了思维导图之旅。刚开始，由我按照我的思维画出框架，学生们根据框架填充信息。后来，我渐渐意识到不足之处：第一，思维导图是思维的呈现，不同人的思维是不一样的，所以，思维导图应该是学生们思维的展示；第二，思维导图以思维为主，图为辅，画得漂亮与否不是重点；第三，若想提取关键词，对文本的解读和梳理是最重要的。后来我及时调整思路，思维导图成了有效的教学和学习工具。

没有教师的发展，就不会有学生的发展，教育的成败在于教师的专业发展与职业认同。通过读书，我找到了"从前那个少年"；通过学习，我发现教学中的不合时宜之处，并勇于改革。我愿意开放我的课堂，让老师们围观，共同探讨改革可行的道路。虽然道阻且长，但我深信：当我决定过不再分离的生活时，一切阻挠都将为我让路。往往我们遇到的最大的敌人就是自己，只要自己勇敢迈步，微光就能吸引微光，最终将改革之路照亮。

六、不再分离

2017年，我摊上大事儿了，学校领导又提出让我当班主任，一度勾起了我两年前的恐惧，我顿时手足无措，拒绝得很彻底也很决绝。领导在全校教职工大会上批评了我。我委屈、无奈，《悟空》这首歌单曲回放了无数次。

我要这铁棒有何用 / 我有这变化又如何 / 还是不安 / 还是彷惶 / 金箍当头 / 欲说还休……

欲说还休，天凉好个秋！

凉凉过后，心自由了。我改编了海子的诗送给我自己：

从今天起，

做一个幸福的教师，

听歌，读诗，树人灵魂；

从今天起，

关心健康和心情。

我心中有一座小屋，

面向大海，春暖花开；

我心中亦有一片田园，

一年四季，绿意盎然。

从今天起，

和每一个学生对话，

告诉他们我的幸福；

从今天起，

和每一个学生对话，

聆听他们的心声。

一切的一切，

只为寻找最初的自己，

一切的一切，

只为自己的热爱与理想。

至今读来，仍然喜欢。

当上天为你关上一扇门时，一定会为你打开一扇窗。首先，专业阅读。三年内，我读了26本原版小说，累计180多万字。我开始研读一些经典书籍，如《我们如何思维》《苏菲的世界》《中国哲学简史》《苏东坡传》等。当你放眼历史宇宙，个人得失渺小得不值一提。"小舟从此逝，江海寄余生。""竹杖芒鞋轻胜马，谁怕？一蓑烟雨任平生。"其次，悦纳自我。"犟"是我的硬伤，让我屡屡碰壁，却也是因为"犟"，我经常能干成我真心愿意干的事情，这不就是《教学勇气》中提到的悖论吗？性格无所谓好坏，拥抱自我，一切都是最好的安排。

七、嬗变

当你心里有什么时就会看到什么。2020年，我遇到了新教育实验，"让师生过一种幸福完整的教育生活"的基本理念深深打动了我。我仿佛进入了一个向往已久的世界，找到了和我尺码相同的家人。通过共读共写共同生活，我开始嬗变。

实现嬗变应该是教师学习的目标。这个嬗变不是一般的知识积累和技能增加，而是教师的思想意识、角色、气质等多方面的实质性变化。教师通过学习实现嬗变需要经历这样一个过程：首先，遇到一种令人迷惑的困境；其次，批判性反思，通过重新审视自己的观念和判断标准，寻求新的方法和思路，从困境中解脱；再次，参与反思性的对话，与处于同样困境的人交流新认识，以获得共鸣；最后，按照新观点行动。

我开始用所学知识反思过往的一切，反思过去在教育教学中遇到的困境，找到了自己痛苦的根源。我也用我的所学关照现实。所有的理论必须扎根于实践，我们学习理论知识，不是为了"纸上谈兵"，而是为了在教育生活中让师生受益，从而过一种幸福完整的教育生活。在教学中，我开始更多地关注学生的前概念，以构筑理想课堂三重境界为策略进行教学设计；课程意识指导我关注学生的情感态度和文化意识，开设拓展阅读课程以及英文绘本课程，鼓励学生坚持、坚定，积极找寻生命的意义。在教育过程中，我也用我之所学改变自己和学生，如运用"元认知策略"随时对自己的认知进行监控、反思和调节；"倾听着的教育"让我耐心倾听学生的言之本意，言外之意；"论对话"让我放下教师的架子，摆脱偏见，与学生平等对话……我开始尝试写作，向身边的高人学习，将自己的读书学习和教育教学生活记录下来。

不止一次想，如果我早一些遇到新教育，找到职业认同，走向专业发展，我也许会少走一些弯路。但生活的无奈就在于你所走的每一步路都算数，而正是这一切过往，一切的危机与遭遇造就了现在的自己。也正是经由这一切过往的追寻，我找到了自己发展的方向。从此，一路高歌猛进。

八、勇猛精进

"勇猛精进"这个词，激励着一个又一个新教育人沉潜学习，我亦如此。我以选课多、成绩优成为很多教师学习的榜样。

这背后，是无数个早晨的"闻鸡起舞"，无数个夜晚的"挑灯夜战"。打开 2021 年度生命叙事：啃读五十余本书籍，选修五门课程全优，被评为榜样学员，自学两门课程，参加榆林线下高研班，参加常春藤读书会《后现代课程观》和《打破自我的标签》的共读，去成都参加《非理性的人》和《卓越密码：如何成为专家》的共读……我以热情为燃料，烧灼了整个假期。

然而这背后是没有业余生活的枯燥、日益靠后的发际线和日渐突出的腰椎间盘。我的内心依然空荡，击败我的是那生活的一地鸡毛，还有只荡起丝毫涟漪的教学。

原来，我误解了勇猛精进这个词，我只有勇猛，并没有精进多少。书读了不少，却对自己的生命和课堂改变不大，对自己解决复杂问题的能力提高不多，让师生过一种幸福完整的生活离我更是遥远。好不容易给自己建起的大厦在2022年末疫情期间倏然坍塌。那时，我生活的小城疫情爆发，所有人居家隔离，师生进入了网课时代。我精心备课，但全然不知屏幕对面的学生在干什么，摄像头不开，点名经常不应，作业质量不高，我束手无策。也许，所有的老师都面临这样的问题。然而，我学习了这么久，到底学到了什么？我深陷虚无，倍感无力，只因我并未将书本知识转化为解决问题的能力。

这使得我停下脚步进行思考。根源在于贪多而不精，即"一公里宽，一英寸深"。阅读量在我这里还只是一个数字，课程成绩优秀也没有转化为滋养我的营养，全面开花却甚少结果。我不仅误解了勇猛精进，还误解了优秀，误解了何为真正的学习。"我真的优秀吗？"我不止一次叩问自己。"不是。"我给出自己的回答，但我却被"优秀"这两个字迷惑了。"我得到这些优秀有什么用？"优秀只是一种评价，我却把它当成了目的，这是一种本末倒置。"我为什么要学习？"要运用所学去改善自身的生命状态，改变自己的教育行走方式，给学生创设良好的教育生态。这三连问令我茅塞顿开。

长春师范大学孙影教授在点评我2021年度生命叙事时说："这样激情燃烧的热情里，如果不加以提纯，激情过后，可能空留一地灰，随着时间和风一起消散，最后只剩一点儿记忆的残渣。应该渐渐从平面路线转换到纵深路线，不能到处挖坑，而要深挖一口井，你深入地下有多深，滋养自我的活水就有多清凉。"精准的点评给我重新指明了方向。

九、出走半生，归来仍是少年

兜兜转转，游游走走，人生过半，教师职业生涯亦过半。纵观这过半的人生，有过高光，也有过至暗；总在"内卷"，也时而"躺平"。如果给自己画一条轨迹，应该是在曲折中前进，在螺旋中上升。

我继续读书，不同之处是开始聚焦，深挖一井；我继续选课，不同之处是目标定为解决教室里的问题；我继续改变课堂，不同之处是面对困难时更加勇敢；我继续研发课程，不同之处是有了科研意识；我继续做义工，仍然是为立己达人……

出走半生，归来仍是少年。然而这个少年，褪去了冲动、幼稚，保留了梦想、激情并且平添了一份自信和坚定。孙影教授的教诲言犹在耳："规整出自己要深耕的一片田地，我期待是自己的课堂，那才是教师的尊严所在。如一个农人一样，念兹在兹，汗水将黑土地浇灌了一遍又一遍，双手因为一遍遍犁地已是黝黑，心灵却因师生互相滋润而生发美好和幸福。这一片自己耕耘的黑土地，可能是要深种三年、五年，甚至十年、二十年，之后就不只开花，还要结出红艳艳的果，伸出到窗外，散发迷人的清香与娇艳，吸引来蝴蝶和蜜蜂，共同撒播教育的美好。"

（工作单位：山西省忻州师范学院附属中学）

余生，做一个持续性自律的人

李文红

很久以前，网上看过一篇文章，内容记不太清楚了，但有两个词语却印象深刻：持续性自律和间歇性自虐。这两个词语诠释了高手和平庸者的本质区别。回顾自己的职业生涯，不可谓不努力，但努力之外，缺少了一份执着和坚持。一路走来，跌跌撞撞，貌似拼尽全力，却经不起细思——我的努力，有时真是间歇性自虐的努力，只是看上去很努力而已。

就在我们人生旅程的中途，我在一座昏暗的森林之中醒悟过来，因为我在里面迷失了正确的道路。唉！要说出那是一片如何荒凉、如何崎岖、如何原始的森林地是多难的一件事呀，我一想起它心中又会惊惧！

这是但丁的《神曲》，也是我那时的写照。有时候，不想回顾，是因为往事不堪回首。那种感觉，犹如直面千疮百孔的心，撕裂开陈年的已结痂的伤痕，却不知如何面对。

如今，我早已过了孔子所说的不惑之年，却依旧困惑重重。这一路走来，时而清醒，时而迷失。

一、从公立到私立

1998 年，是我人生的一大转折，是我到现在也说不清后悔还是不后悔的一个转折点——这一年，我离开了公立学校，进入私立学校，开始了四处漂泊的日子。起因很简单，我被排挤了。

1993 年毕业，我被分到农村中学任教，一直埋头于教学。所教学生刷新了这所农村学校的成绩排名，自己也从县级讲课一直拼到市级讲课的第一名。在一所名不见经传的农村中学，取得这样的成绩已是前所未有的辉煌。赞美、奖励、荣誉伴随着众人的嫉妒和指指点点扑面而来。不善与人打交道的我不知如何处理，只知道从此埋头教书的平静日子一去不返。

苦恼的我萌生了逃离的念头。压垮自己的最后一根稻草是拖欠半年的工资迟迟不到位，一家子成了啃老族。这时，一所工资诱人的私立学校抛来了橄榄枝，没有犹豫，我义无反顾地离开了。理由很简单，一家人得吃饭。

初入私立学校，日子过得辛苦异常，但想想工资也就忍了下来。后来，随着"不拖欠教师工资""乡镇老师的工资由市财政拨款"的呼声越来越高，和我一起来私立学校的老师们纷纷回到了原单位，毕竟抛家舍业不是长久之计。处于犹豫中的我还没来得及做出决定，一件蹊跷的事便彻底断了我回公立学校的念想——我的档案不见了。在学校忙碌的我，无法分身细细查清到底怎么回事，就这么稀里糊涂地留在了私立学校，公职从此与我再无瓜葛。

现在想来，这就是自己的遭遇吧。博尔诺夫的《教育人类学》一书中曾指出："只有少数重大的特定的经验可以称作遭遇，它们闯入人的生活，突然地、往往令人痛苦地中断人们的活动，使之转向一个新的方向。"遭遇对人的自我成长尤其是精神成长具有决定性的意义。

遭遇总是伴随着机遇。阴差阳错，试用期结束后，我从中学历史教师，成了一名小学语文教师。从中学到小学，从历史专业到语文教学，无疑是一次巨大的挑战。我的教育生涯出现了第一次大的转折。

从来没有教过小学，又调到自己不熟悉的语文领域，面对科班出身的语文老师，自然感觉低人一等，内心的自卑感可想而知。阿德勒在《儿童的人格教育》一书中这样说："在我们每个人身上，自卑感和追求优越是密切相关的。我们之所以追求优越，是因为我们感到自卑，因而力图通过富有成就的追求来克服这种自卑。"

是的，因为自卑，所以超越。

我开始了恶补语文教学知识的日子。没有任何指导和引领，仅凭一腔热情，摸着石头过河——从头学成语，一个月背下了两千条成语；开始背古诗，一年恶补了300余首古诗；和孩子们一起学习以前从来不知道的经典——《三字经》《千字文》《笠翁对韵》《朱子家训》……同时，教学之余，我开始大量阅读小学语文教学的书籍，搜集整理语文教学的技巧。只要在杂志上看到什么关于语文教学的书籍，我就成套成套地买回家，一本一本地读。

幸运的是，学校开放式办学，大量请名师来校开讲座，就这样，一大批的名师专家开始进入我的世界——窦桂梅老师、于永正老师、贾志敏老师、王崧舟老师……那时，真是如饥似渴，激情澎湃，我真正感觉到了教语文、当一名语文老师的幸福感。也因为自己的努力，我的教学成绩很快脱颖而出，在讲课比赛中频频获奖。我，终于在学校有了立足之地。

现在想来，很感谢这一段努力的岁月，它让我有了重生之感。接触了怀特海的"浪漫—精确—综合"理论后，我想，那是一段极为难得的丰富的浪漫阶段。尽管与科班出身的语文老师相比，我缺少了童子功的训练，但凭借对语文学科的热爱，我囫囵吞枣地阅读了大量的教育教学书籍，使我在最短的时间内完成了从初中到小学，从历史老师到语文老师的角色转变。虽然这一阶段的阅读仍摆脱不了"贫瘠"，但那时的我累并快乐着，每日沉浸于自己以前从未涉足的领域，感觉每一天都是崭新的。书籍填满了我的生活，也弥补了我因为档案关系恢复不了公职的遗憾。我觉得，做一名语文老师，一名优秀的语文老师才是我的理想所在。

二、困境中挣扎

铁打的学校，流水的教师。

私立学校从来都是不稳定的，与我同来的老师们走了一批又一批，新教师也来了一批又一批。我一直坚守着我的理想和信念：在此扎根，做一名优秀的语文教师。只是，命运似乎又和我开了个玩笑。2006 年，我进入这所学校的第九个年头，这所铁打的学校，在一夜之间垮台。又一次的抉择摆在了我面前——是南下，还是北上？我犹豫不决。看着年迈的父母和年幼的孩子，几经挣扎后，我选择了离我的家乡最近的地方——也是父母心心念念却无法回去的他们的家乡。

在这所学校待了两年，沉默做事、不喜言说的我感觉不到归属感和融入感，我又跳槽，来到了现在的这所学校——只因为校长懂教育，能真正做教育。

离开舒适区的日子，就是成长的日子。新的环境，新的教育理念，一切都要从头开始。此时的我，已经没有了初做语文老师的惶恐，觉得一切都很从容。走读式的私立学校，很看重家校之间的交流，尤其是班主任和家长们要天天见面、交流。不善言谈和交际的我，也在一天天的交流中摸索着、失败着、成长着。因为自己的努力、认真与负责，我很快赢得了家长们的认可。而这，正是私立学校老师的立足之本。

很快，我发现自己进入了瓶颈期——越来越多的迷茫和困惑，让我无所适从。讲课容易，尤其是有教参的引领，加上网上随处可以查到的优秀教案，拼拼剪剪，一节课就完成了。但是想要真正讲好一节课，却很难。一旦手边没有了教参，独立解读一篇课文，我便真如老虎吃天——无从下口。名师的课，学来学去，学到的只是皮毛，仅仅只是一两个雕虫小技。与此同时，一批又一批的孩子来到身边，每一批孩子都强烈地让你感受到了他们张扬的个性，身为班主任的我也遭遇挑战，形形色色的问题不断涌出，而这些问题无法从现成的书籍中找到解决的办法……学校越来越红火，慕名而来的家长也挤破门槛，怀揣高期待的家长要求也越来越高……我力不从心的感觉愈来愈强烈。

这时候，我无意中在网上叩开了"新网师"的大门，开始了在"新网师"学习的日子。那是最艰难的一段日子，也是最快乐的一段日子。我读的，都是以前从来没有听过的书籍，《中国哲学简史》《苏菲的世界》《唐宋词十七讲》《人间词话》……听课时，听到的都是从来没有听过的词——"有我之境""无我之境""出世""入世""理性""非理性"；接触的课程，都是从来没有听过的课程——在农历的天空下、理想课堂的有效教学框架、儿童绘本课程。隐隐约约，我仿佛回到了高三的岁月——每日除了繁忙的教育教学，一有时间就沉浸在一本本书的阅读之中，心无旁骛。很多时候，终于读懂了一部分内容，还没高兴几天，老师们的一次讲课又让自己云里雾里了。再读，今天刚刚读懂，明早起来，又糊涂了；读了很久都没有明白，却机缘巧合，突然顿悟……没有了周末，也没有了节假日。虽然在"新网师"中一直都是后进生，但我也一直安慰自己，就这么慢慢走吧，只要一直向前，慢一点就慢一点吧。就像犟龟陶陶，只要上路了，天天走，我一定能遇上属于自己的庆典。

只是，我是个不太有常性的人，也是意志不够坚定的人。时间久了，如果缺少外在的鞭策，遇到困难就很容易放弃。2013 年，母亲查出肝癌，癌细胞转移，医生预计只有半年的时间。突如其来的变故，让我一下子蒙了。那是一段在医院和学校之间来回奔命的日子。在外乡度过半生的母亲，终于回到了她不想回的家乡，一切都已陌生。我的学生们也正面临着小升初的考验。医院与学校，两点一线，来回的奔波，学业的压力，很快便击垮了我。

成年人的崩溃有时就在一瞬间。我恳请辞掉班主任的工作，能多留一点时间照顾病危的母亲。但被拒绝了……外部的危机引发了我内心的危机，而我，却没有积蓄起战胜危机的勇气和力量。

母亲走了，在暑假之中。我很庆幸，总算陪了她一个多月。但这期间发生的种种，却让我对自己的人生选择有了怀疑。我对教育的热情，从这时开始消逝。新的一年级越来越难带，家长们的要求越来越多，学校里的条条框框也越来越多。失去了梦想的我，再也没有"戴着脚镣跳舞"的激情与渴望。我退出了"新网师"——精疲力尽的我已没有精力再去啃读那些难懂的书。

我开始迷失，不知道自己要何去何从。教师，不再是我追求的事业，而仅仅是一份养家糊口的职业。我开始浑浑噩噩地过日子——依旧很努力地教学，但这努力只是源于教育是良心活，要对得起自己的良心。

铁打的学校，流水的教师。

领导换了一个又一个，老师们走了一批又一批，新的面孔也来了一批又一批。我，也顺理成章地成了老员工——一名看上去很有"名望"的老教师。这期间，也努力过，正如自己开头所说的——间歇性自虐过。会在某个时间段，不甘心沉沦，努力抗争过自己的惰性，重新点燃教育的热情和激情。但总是努力过那么一段时间，又无声无息地沉默下去，甚至沉沦下去……

三、"新网师"的一束光

也许是内心不甘沉沦，冥冥之中，我加入了新教育种子教师的培训，跟在优秀教师的后面，一步一步学着新教育的晨诵、整本书的共读、班级文化的建设……看着他们每周在群里分享自己幸福完整的教育生活，我羡慕异常。为什么同样是教师，我的日子过得如此狼狈不堪，在反反复复纠结、折磨中，看似努力，却始终在原地转圈圈？从这些优秀老师的身上，我看到了自己丢失已久的信仰——对教育的信仰。我渴望像他们一样，无限地热爱教育，热爱生命，置身于幸福完整的教育生活中。

念念不忘，必有回响。在新教育在线论坛上，我又看到了"新网师"的召唤。于是，我以种子教师的身份，加入"新网师"，开启了新的学习旅程。"新网师"如同一束光，再次照进我的生命。

进入学习群，我看到的是一连串熟悉的网名，一门门熟悉的课程，但却有了不一样的学习体验。从QQ群热火朝天的讨论到学习通的注册、使用，从单纯的理论学习到理论联系实际、学以致用，踏进"新网师"的大门，你才真正体会到身为井底之蛙的切身感受——"天无边无际，大得很呢"。"新网师"犹如一扇窗，为我打开了看世界的通道。

　　　　　　　　　　　　　教师成长的奥妙：榜样教师这样做

在这里，我第一次隔着屏幕，聆听朱永新老师的新教育通识讲座，聆听李镇西老师的班主任培训讲座。第一次，对新教育的理念有了完整的认识。

郭明晓老师的"文本解读与设计课程"，让我第一次尝试摆脱教参的束缚，独自面对教材，在逐字逐句细读中认真推敲、琢磨文本，写下一篇篇的文本解读。课下，我和优秀组员一起讨论、交流，对照老师的详细讲解与剖析，领会什么是真正的文本细读。

顾舟群老师的"听读绘说课程"，引领我打开绘本的大门，走进绘本教学的世界。虽然我教的学生已是中段，但当我尝试着带他们走进绘本世界时，他们依旧兴奋异常。跟随顾老师，我一步步明确了如何充分发挥绘本在小学教育中的各种价值。

王子微课，小技术，大用处，为自己的教学添加了日新月异的科技的双翼；电影课程，从影片的解读到课程的设计，让你领略到电影的教育魅力……

毋庸置疑，加入"新网师"，让我即将结束的教育生涯再次焕发出青春的气息：我尝试着在学校的经典诵读中，加入新教育的晨诵，和孩子们一起在诗歌中开启黎明，用诗歌吻醒新的一天。

我和孩子们一起进行整本书共读，一起徜徉在经典书籍的海洋中，在故事情节的梳理中、主要人物的分析中以及主题探讨中，感悟经典之所以成为经典的魅力所在。

我努力构建我的理想课堂，以有效教学框架打造高效课堂，努力发掘知识的魅力，力求达到理想课程的第三重境界。

我开始构想我的电影课程……

无疑，加入"新网师"的日子是辛苦的，我没有了周末，也没有了节假日；但也是甜蜜的，我真切感受到了作为老师的幸福，愿意和孩子们一起分享我的所学所得。

不过，丰富多彩的课程，让我品尝到教育的甜蜜之外，也一度使我迷失。一段时间后，因为什么都想学，什么都不想错过，没有清晰的规划，没有明确的自我管理，我很快便在新教育这座宝山中迷失了方向。一味贪多，报了许多课程，粗浅地以为听老师讲讲课就是学习，以为学得一鳞半爪应用于自己的教育教学就是将所学与自己的实践打通。

但事实呢？

当你度过了两情相悦的"甜蜜期"后，倦怠感、疲劳感便随之而来。首先便是学习上的懈怠——每学期选的课不少，但作业提交次数越来越少。就像校园中那些学习中偷懒的学子一样，课程不断亮起红灯。日子，再次陷入沉沦的泥潭。

直到有一天，读到了郝晓东老师的那篇文章《因为多情，所以无情——由网师清退无学习痕迹者所想到的》："有的学员，加入时很积极，但学习很消极；有的内心心潮澎湃，但行动漫不经心；有的学员，闲聊时很脸熟，但作业里很陌生。有的学员因为家务、工作等原因，以为虽然没有课前的预习，没有提交作业，但只要能在授课群旁听，或者补看授课记录，多多少少总是有收获的。但问题的关键正在于此，正是这样一种心理，从根本上导致自己不会有质的提高和飞跃。写作业才是学习的真正开始，也是提升自我的核心环节！""写作业时的'痛苦'源于新我与旧我的激烈冲突，是自身智力结构在进行更新，虽然会引起一定的混乱，但这是建立大脑'新秩序'的必由之路。"

真是一针见血。我浑浑噩噩的生命迎来了当头棒喝。

又一次，我面临着抉择——面对着"新网师"的尺码"三热爱"，我不断叩问自己：教育，真的是我的毕生追求吗？对我来说，教师是一份职业，还是事业，甚至是志业？有时候，我真的很迷茫。尤其是当我想到，自己年龄越来越大，留给自己的机会和时间越来越少，再过两年，按照企业职工来算，我就可以申请退休了。生命真的就这样继续沉沦下去吗？

我不甘心！

看着满满的一面墙的大书架已落灰尘，一本本自己曾翻阅过的书寂寞地躺在那里，箱子里摆放得一摞一摞的曾经的笔记沉睡已久，我真的要让这些永久地成为曾经吗？

回忆以往快乐的学习岁月，想起一个个挑灯夜读的日子，翻阅日记中曾经记录下来的岁月，那曾经将所学知识带入课堂时的兴奋和满足，和学生共读一本书的欢乐与幸福，觉得离自己很远又很近。

黄色的树林里分出两条路，
可惜我不能同时去涉足，
我在那路口久久伫立，
我向着一条路极目望去，
直到它消失在丛林深处。

但我却选择了另外一条路，
它荒草萋萋，十分幽寂，
显得更诱人，更美丽；
虽然在这条小路上，
很少留下旅人的足迹。

那天清晨落叶满地，
两条路都未经脚印污染。
啊，留下一条路等改日再见！
但我知道路径延绵无尽头，
恐怕我难以再回返。

也许多少年后在某个地方，
我将轻声叹息将往事回顾：
一片树林里分出两条路——
而我选择了人迹更少的一条，
从此决定了我一生的道路。

再次翻看笔记本首页的这首诗，我逐字在电脑中敲下，仔细叩问内心，我还是能够感觉到藏在内心深处的对教育的热情和渴望，我不甘心就此沉沦。

德不孤，必有邻。慎重思考后，我选择留在"新网师"，与一批尺码相同的新教育人相遇，行走在共同的追梦之路上。虽然前方的路依旧漫长，我不知道自己的终点在哪儿，但是，坚定自己的信念，一步一个脚印儿地走下去，是新的一年我的目标。放弃自己的间歇性自虐，做一个持续性自律的人，是我余生的追求。

（工作单位：山东省淄博市张店区幸福种子学校）

与自我和解，奔幸福未来

王宗祥

自然更迭，万物有序。恰好 20 岁，我走上了三尺沃土。31 载的教育岁月，弹指一挥间。今天，我有勇气翻开它，得益于在新教育实验活动的深度参与学习：站在历史的天空俯瞰个体的人生，重新审视生活，探求生命的意义。

一、小荷才露尖尖角——职业浪漫期

人是环境的产物。

——罗伯特·欧文

1993 年 7 月，我拖着一个木箱来到了旺苍煤矿尚武井分校。分校离旺苍煤矿子弟校有 20 余里远，共有 1—6 年级的 48 名学生。我的第一堂课是在子弟校领导和矿区主管教学领导的"考察"下进行的。幸不辱命，我用形象生动的简笔画、简洁工整的柳体板书、相对标准的普通话、流畅的教学环节给领导们留下了好印象。这个印象分至关重要，有了这堂课，也就有了我后来的悲喜。

虽说是分校，远离主管部门，但时任校长的教学管理非常认真。初出茅庐的我把所有的精力都投入到教学中。教学"六认真"是不必说的，教学成绩也远高于子弟校同年级班。20岁的年龄是闲不住的，课间我和孩子们玩游戏、打乒乓球、打篮球，下班后我经常给学困生义务辅导、家访每一个学生；星期天我带着他们上山摘野核桃、猕猴桃，下河捞鱼。我是一个热心人，无论是谁让我帮忙，或是学校工作以外的事务，或是领导来我校检查工作，我都跑前忙后。1995年6月，煤矿企业"减人提效"，校长退休前推荐了我，两年教龄的我被推上了"风口浪尖"。

我与师哥师姐们商量：办学讲规模，教师讲发展，生活讲幸福。我们首先要扩大学校规模，除了矿工子弟，农村孩子也招。我们学校地处矿区与农村接合部，学校左右有两个农村小学，每个学校都有六七十名学生。我校教学管理正规，上课准时，很少放假，教师大部分是师范生，教学业绩有口皆碑。因此当我校放宽招生政策后，学生人数呈直线上升，1996年春季达到124人。

我带领14位同事（矿区又补充了三名教师）开展教学基本功训练：书法、简笔画、普通话进课堂，开展目标教学、选派教师参加局教学大比武、局教研活动、奥数培训，和老师们一起写论文投稿，一起学电脑……我联合广旺矿局机关子弟校、电厂子弟校、磨岩煤矿子弟校等小规模学校，成功举办了四届教师、学生运动会，进行了四校成绩评比。我还利用学校的一丁点儿合理收入给老师们发教学成绩奖，带老师们到川内景点旅游，带孩子们到广元市区、苍溪县红军博物馆、旺苍县红军城参观，开展放风筝、故事会、春秋游、野炊等活动。旺苍煤矿子弟校老师十分羡慕分校老师自由、幸福的教学生活。1997年春季，我校注册学生达到168人。

这一阶段，初入职场的那种对教学、学生的兴奋、好奇在我身上充分体现。因为没有系统学习学校管理知识，没有探讨儿童身心发展规律，没有对教学过程丰富的研究，也没有根本书籍的阅读，所以我的本体性知识不足，专业性知识还停留在师范学习水平。对于教育教学，我的浪漫期是贫瘠的，阻碍了我迈向职业的精确期。但我认识到，青年教师的专业发展除了"术"的研讨，更要有"道"的传承，如此才可能发自内心地认同自己所从事的职业。

二、隆冬霜雪摧花时——职业至暗期

过刚者易折，善柔者长存。

——《道德经》

书生意气和不按程序办事让我受到惩罚。1997年9月，我不再担任旺苍煤矿子弟学校尚武井分校校长。

工作变动的落差让我难以适应。一名全身心投入学校发展、课堂教学的教师，突然被否定，我如何有脸见人？如何面对我的学生？内心的煎熬让我痛不欲生，我该何去何从？

我遭遇到"职场变故"，对我的职业发展产生了严重的负面作用，我对同事关系产生了严重怀疑，对自己的前途感到迷茫。本质上，我还不是一个完整的"社会人"，也不是一个"理性的人"，没有明确的"三观"，亦没有看到"危机"给我带来的好处：避免了我走向经济犯罪而给自己、家庭带来灭顶之灾。这一阶段，我未能看破荣辱，心中被委屈和愤懑充斥，自怨自艾，完全脱离了教学和学生，过的是"身心和教学相脱离"的生活。

三、残枝败叶随波流——职业倦怠期

对事实的理解决定了行为的方向。

——郝晓东

我想过辞职，但爱人不许："内心无愧，其他人怎么说我不管，压力我帮你分担！"虽有亲情的支撑，但教书于我只是糊口的职业而已，我与朋友开始合伙经营租书店、烧烤摊、乒乓球桌，但生意惨淡收场。

2000年，旺苍煤矿破产，我来到陈家岭小学，学校安排我上初中和小学体育课。我个子虽小，运动能力一般，但我尽力组织全校师生参加体育锻炼，训练学生参加市县中小学生运动会，取得了广元市乒乓球小学组男团第一、女团第四、男单冠军、男单第五、女单亚军，旺苍县乒乓球小学组男团第二、女团第四等成绩，学校也因此被评为"旺苍县乒乓球特色学校"。

在新的环境中，我全力以赴，但艺体教学只是豆芽科，期末考评时我依然是分数最低的人之一，谁认可呢？被学校边缘化的我，下班后马上回家，不愿参与同事聚会，不愿与领导沟通，沉迷于玄幻修真小说。"躲进小楼成一统，管他冬夏与春秋。"

汶川地震后的 2009 年，我鼓足勇气，停薪留职到成都打工。但我确实不适合在社会中谋生存，生意不足以养家糊口，于是我又回到学校。

人生的无意义感随时伴随着我。我也非常清楚，我陷入了"职业倦怠"。朱永新老师说："职业倦怠是中国超速现代化进程所导致的对人的异化，教师本身也在这种市场文化对人的塑造中日益丧失了对生活、自我以及未来的感觉与把握能力，日渐陷入恐惧、烦躁、孤独与焦虑之中。"改革开放的经济大潮冲击着教师队伍，金钱的拥有量成为衡量人成功与否的标准。

我的潜意识中存在一种"怀才不遇"的愤懑，总想通过另一种方式证明自己的存在价值。我没有沦为否定一切的虚无主义者，也没有选择以社会认可的名利为人生目标，而是"以一种犬儒的姿态，将教育职业仅仅视为一种谋生工具"。我没有意识到，这种追求个人尊严的行为实质是教师群体的精神危机。但我意识到，不是职业需要我，而是我需要职业，人生价值只有在合适的舞台上才能得以实现。

四、枯木今朝喜逢春——职业精确期

人们面临选择的十字路口：要么一直让自我枯萎，要么坚持呼唤美好生活和优秀教学之来源的自身认同和完整，必须在两者之间进行选择。

——帕克·帕尔默《教学勇气》

2012 年，新任校长看我教学还算认真，交给了我上学期期末抽考全县倒数第一的三年级一班。我起早贪黑地到班管理，周六周日义务给孩子们补拼音。三年后孩子们小学毕业，我们班的语文平均成绩由 54 分上升到 78 分，班上三名十几分的同学居然及格了，数学学科还获得了县教学质量三等奖。我终于没有辜负领导的信任。

2019 年春，我在何健校长的大力支持下加入"新网师"。我如饥似渴地选修了"数学共读""静悄悄的革命""人是如何学习的"三门课程，打卡写作600 余天，每期写作 30 万字以上，学习成绩均为优秀。我还参加了"山西太原理想课堂高研班""山东武城写作高研班"，获得了"新网师 2019 年度生命叙事"二等奖、"新教育故事征文"二等奖、"2020 年度百佳榜样学员"称号。

我选择救赎自我的职业尊严与价值。两年"新网师"的理论啃读让我认同了教师职业，开始课堂教学的修炼、"问题学生"的研究，选择读书学习的生活方式，告别了小说、游戏、闲聊，结识了一批新教育人，进入了专业能力飞速提升时期。

《小王子》中，智慧的狐狸对小王子说："对我来说，你无非是个孩子，和其他成千上万个孩子没有什么区别。我不需要你，你也不需要我。对你来说，我是一只狐狸，和其他成千上万只狐狸没有什么不同。但如果你驯化了我，那我们就会彼此需要。你对我来说是独一无二的，我对你来说也是独一无二的。"是的，学生和我如果彼此"驯养"，我们互相需要；学校领导和教师如果彼此"驯养"，我们互相需要。与自己的过去和解，也是一种"驯养"。生命的过程是独一无二的，我们不必在意他人的光鲜，而应关注自我当下的活法。

一个人生命中的重要他人足以改变他的生命历程。冯家驹校长的推荐、张正发校长的看中、何健校长的信任、郝晓东老师的指导、"新网师"共同体的促进，让我的职业之路绚烂多姿。"鸡蛋从外打破是食物，从内打破是生命"，内因决定外因，教师的专业成长必须来自自我成长的内心需要。出于对自家孩子的教育困惑、对班级学生成长的担忧、对应试成绩的渴盼，我开始研究新教育理想课堂，开始探讨儿童是如何学习的、问题儿童是如何形成的，开始加入学习共同体，开始构建读书会，开始思考农村小规模学校的区域联盟问题。慢慢地，朱永新、佐藤学、苏霍姆林斯基、怀特海、帕克·帕尔默等教育大家走入我的生活。原来，教育生活是如此复杂、如此丰富、如此迷人。

五、扎根课堂做农人——相约职业综合期

子曰："老者安之，朋友信之，少者怀之。"

——《论语·公冶长第五》

"少年应有鸿鹄志，当骑骏马踏平川。"不必过于沉溺过去，虽虚长 50 余岁，但我愿成为更好的自己！

在距离退休不长不短的时间，我愿意全力以赴做到：

1. 紧随高人啃经典。

"新网师"是一个高端纯粹的学术共同体，以郝晓东老师为首的讲师们个个身怀教育绝技。只有在这些高人的指引下，我才能与那些教育大家在书中对话，才能学以致用。因此，皈依新教育成为我的理想。

2. 扎根课堂寻魅力。

新教育理想课堂有三重境界，我基本落实了"有效的教学框架"。如何组织学生在课堂上发现问题、分析问题、解决问题——探寻知识的魅力呢？这是我教学工作的方向。

3. 共读共写织人生。

教师和学生的元语言不是分数，而是共读共写。经典名著的共读，让我们有共同的文化背景，同一事件的共写，让我们能够进行心灵的对话。只有教与学不分离，才能与学生共同编织幸福的教育生活，这是我想要的生活。

4. 己立立人宏精神。

子曰："夫仁者，己欲立而立人，己欲达而达人。"面对农村学校的困境，学校区域联盟已成为现实。我不能改变他人，但我愿改变自己。我希望用自己的学习精神影响班级的学生，我希望与区域联盟学校的"新网师"学员构建读书会，带动一批愿意学习的老师和学生读起来。我也相信，新教育实验活动一定能改变我们旺苍县的教育生态，我愿为之而努力。

人活着的意义是什么？外在事物或者生活本身是没有意义的，人生的价值和意义都是人们通过实际生活中的行动创造出来的。成为一名真正的教育人，像孔子一样当教师，把教育这个职业当作自己的志业，享受"幸福完整的教育生活"，不亦乐乎！

　　　　　　　　　　　（工作单位：四川省广元市旺苍县嘉川镇中心小学）

一路修行做教师

刘玉香

于漪老师说："一辈子做教师，一辈子学做教师。"这句话激励我走过了一个又一个有阳光或没有阳光的日子。然而，到今天为止，我依然存在精神上的困惑：能为绝大多数人接受的好老师的标准到底是什么？如何做一个好老师，上不愧于天，下不愧于地，内不愧于心？对我来讲，有生之年，成为教育专家的梦想是否可能？又如何可能？……又或许，这些属于原点性质的问题将伴随我的一生，如影随形。

岁月不居，时光飞驰，不觉又要添新岁，头上的白发又多了几缕。此刻，站在时间的入海口，曾经看过的、经过的、喜欢的、错过的、思考过的，历经30年的吸纳沉淀，伴随着悠扬的钟声，弥漫出岁月的余香。

一、职业生涯第一站：模仿做教师

塞缪尔·厄尔曼在《青春》中深情写道："青春气贯长虹，勇锐盖过怯弱，进取压倒苟安。如此锐气，二十后生有之，六旬男子则更多见。年岁有加，并非垂老，理想丢弃，方堕暮年。"这，常常让我想起自己职业生涯的起点。

1992年，18岁的我从中师毕业，满怀憧憬地站在了讲台上。农村缺少音乐教师，我教起了全校的音乐课。能有一份正式工作不容易，我暗下决心一定要做一名好教师。为了教好音乐课，我自考了河南大学音乐二系的音乐专科，学习美声唱法和钢琴伴奏。

1995 年，学校一名八年级数学教师生病了，因为音乐课不参加中考，校长让我改行教数学，从此我成了一名数学教师。因为对数学教学较为陌生，所以，以前上学的时候老师怎样给我上课，我就模仿着怎样给学生上课。

今天想来，我不折不扣地走了一段灰色的应试教育之路。那时，我只知道，"分分分，学生的命根；考考考，老师的法宝"。多花时间，搞题海战，早结束功课，多复习两遍，我将此视为教育教学的准则和方向。起早贪黑地陪读，口若悬河地灌输，苦口婆心地劝诫，一门心思把学生带进题海，只是为了学生能考个好分数。正因如此，每次统考，我所执教的班级都取得了不错的成绩，我被评为优秀教师、模范班主任。于是，我有机会在全校大会上总结经验：一是跟得上，跟紧班级，跟紧学生；二是拼得上，拼时间，拼精力；三是舍得上，舍得力气，舍得付出。

让我始料不及的是，随着时间的流逝，我发现那些单靠热情和勤奋挣来的分数，让很多学生厌倦学习，我也在分数的压力之下产生了很严重的职业倦怠。

午夜梦回中，我常常想起我上学时的一段经历。那是有一次，我忘记做作业，被老师揪着衣领推到门后面罚站。我恨那个老师，很长时间没有原谅他。在我的教学生涯中，是不是也为了分数采用了很多不恰当的教学方法，让很多学生一直恨我，不能原谅我？我经常追问自己：我是不是活成了学生最讨厌的模样？今后的教学工作如何进行，才可以达到教学效果显著和学生喜欢的双重效果？

我陷入了深深的思考和求索当中。

二、职业生涯第二站：学习做教师

生命，是一场孤独的跋涉。一个人走，一个人跑，一个人流浪；一个人哭，一个人笑，一个人坚强。一场磨难，是一场洗礼；一场伤痛，是一场觉醒。走过，累过，哭过，才会成长；痛苦过，悲伤过，寂寞过，才会飞翔。

2008年，我从农村调入城区高中，担任高中地理老师兼班主任。那是我人生的至暗时刻：一个没有上过高中的人却被迫去教高中的课，于我无疑是一个挑战！更为严峻的考验是：我教的班级中还有两个班是艺术班，学生文化课的底子比较弱，纪律异常涣散，学生学习基础非常差，我在初中的那一套教学方法和管理模式根本派不上用场。

穷则思变，怎样才能把他们的学习积极性调动起来？

我把他们当成了我实施教学改革的不竭动力。我在网络上学习新的教学方法，从杜郎口中学的"三三六"模式，到洋思中学的"先学后教、以教导学、以学促教"教学方法，还有台湾地区的"学思达"以共享和对话为中心的教学模式等，都是我不断研究的对象。

通过学习和研究，我进入了经验积累期。我努力提升自己，为自己的课堂建立了坐标，开始试用导学案的方法先学后教，让学生学会预习，让不同的学生在每节课上都有不同的收获，以此当作每节课的核心。在班级管理上使用小组积分制模式，使学生学习积极性得到了提升。三年下来，我教的几个班居然取得了不错的成绩。

2011年，学校改制成立初中，我又成为数学老师，有了前面的教学改革作为铺垫，我大胆在初中的教学中继续实践我的新教改方法，教学成绩和班级管理水平都有了较大的提升。

2016年，学校把年级倒数第一的班级交到了我的手中。这个班学生纪律乱，成绩差，有个别家长还到教育局上访。我有很大的抵触情绪。郭胜利校长和我谈话，他的一句话"一个能把差班教好的老师才是一个好老师"激起了我挑战的欲望。

通过深入细致的了解，我发现这个班学习成绩差，上课纪律乱，不是因为学生笨，而是因为他们太有个性。家长和教师的矛盾则源于沟通不畅，我所在的学校是寄宿制学校，很多家长认为把孩子交到学校就完成任务了，在家校合作上做得不到位。

于是，我尝试采用开放班级管理的方法，采取了"你为我守一天，我为你护一月"的家校共育模式，让家长自主排班参与课堂和寝室管理，家长走进班级、深入课堂，对学生上课和教师授课情况了解到位。矛盾产生的很多原因是沟通不畅，大家没有互相了解。走进就是沟通，通过一个月的家校共育，家长和老师成为亲密的伙伴，学生也发生了变化。

一年的潜心耕耘结出硕果，很多学生迅速成长。于是我的班级又迎来更多的"难教儿童"。我经常把这些孩子的转变说给我们郭胜利校长听，郭校长说：你有这么多好的方法，为什么不写下来？他给我推荐了一个微信公众号，于是，"镇西茶馆"成为我的又一个学习平台。

失败与成功更迭，泪水与欢乐交替，光荣与屈辱同在，机遇与挑战并存，这就是教育的本真状态吗？

我经历着，我思考着，我存在着，我努力着……

三、职业生涯第三站：研究做教师

"江流入海，叶落归根，我们是大生命中之一叶，大生命中之一滴。在宇宙的大生命中，我们是多么卑微，多么渺小，而一滴一叶的活动生长合成了整个宇宙的进化运行……"这，是冰心老人的生命感悟。是啊，在宇宙大生命面前，个体生命的存在是多么微不足道！碧海沧波，我的生命之舟，该往哪里摆渡？

那个时候，我并不知道，在我的职业生涯中，一个新的转机来临了。

2018 年的夏风是醉人的，"镇西茶馆"里的招生简章吸引了我——"新网师"寻找并欢迎所有与新教育"尺码相同"的人。我们的"尺码"是：真正热爱学习、真正热爱教育、真正热爱生命……我成为"新网师"的一名学生，从此开启了别样的生命之旅，也开始了痛苦的蜕变。

（一）探究理想课堂

一名教师必须上好课。教学多年来，我常常追问自己：究竟什么是一堂好课？为此我查询了很多资料。但这种追问几乎是一种徒劳，因为"一堂好课"所蕴含的因素太过复杂，甚至不可言说。

2019年5月31日，我带着这个疑问参加"新网师"在山西举办的"构建理想课堂"高级研修班。这次学习让我对课堂的理解豁然开朗，理想课堂的"六个维度"与"三重境界"为我指明了方向。特别是理想课堂的第三重境界，即知识不再是一个死的体系，而是一个活生生的存在。它在激发起师生的强烈反响后，内化为师生生活、生命的一部分。这个理念与我的"数学教学生活化""证明题的口头作文化"相契合。正如雅斯贝尔斯所说的那样："教育就是引导'回头'，即顿悟的艺术。"

我以此为依托并结合数学的学科特点，为我的数学课堂确立了新的坐标："三有六让"。"三有"即有情、有趣、有理。"六让"即目标——让学生清楚，疑问——让学生讨论，过程——让学生经历，方法——让学生掌握，结论——让学生总结，练习——让学生自选。

县市教研室检查学校工作组听推门课，我讲的是《二次函数在生活中的应用》，我以导游的身份引领着孩子们，激趣于有着"北国小西湖"的百泉湖中心的拱形桥；探究于隋朝李春的赵州桥；拓展于"枯藤老树昏鸦，小桥流水人家，古道西风瘦马。夕阳西下，断肠人在天涯"的小巧玲珑的石拱桥。一堂数学课在优美诗歌的意境里，让孩子们领略祖国大好河山和悠久的历史文化，感叹我国古代建筑设计师的智慧和创新。教研室的人问我准备这节课用了多长时间，我笑着回答说课前10分钟，他们竟然不相信我是第一次上这节课。讲过那节课后，地市教研室又来听我的课，当我用一道类比探究几何题，引领学生把等腰三角形、直角三角形、平行四边形、矩形、菱形、正方形等一个个问题用口头作文的形式，抽丝剥茧一样从容解答，大家都惊呆了。调研领导竟然问我：你教的学生是不是"优秀班的学生"？我告诉他：我们这里是平行分班。

师者，传道、授业、解惑也。为师应该做到有智慧地教学，应该严谨而不乏风趣，庄重而不失诙谐，让人如沐春风，如饮甘露，让人感到"语言之妙，妙不可言"。感谢新教育理想课堂为我的课堂锦上添花！

（二）探求精进"三专"

加入"新网师"对我影响最大的是教师成长的"三专"模式。2019 年新教育的"三专"模式打破了旧我，重塑了新我。

1. 专业阅读。

数学课堂教学方面，我拜读了华应龙的《我就是数学》《我这样教数学》。在他的课堂实录和教学随笔中学到了很多数学的专业知识和教学案例，虽然他教的是小学，但是教育理念是相通的。他的"容错"是一种尊重，"融错"是一种资源，"荣错"是一种贡献，这些先进的教学理念深深影响了我，被我内化后灵活应用于课堂之中。

班主任管理方面，我主要研读以下几位名家的书：魏书生老师的《班主任工作漫谈》、李镇西老师的《爱心与教育》、万玮老师的《班主任兵法》。魏书生管理经验的关键词是"自我管理"和"制度管理"，魏老师称之为"民主"和"科学"；李镇西的关键词是"爱心"；万玮的关键词是"计谋"，以"兵家"为主也许是不错的办法，《孙子兵法》《三国演义》至今仍受人景仰和关注，说明"兵家"也还是有魅力的。

李镇西老师的管理精神体现为以"儒家"为主或者说以爱心为主，并以"思想"者的魅力辅之。儒家讲"爱"，所谓"仁者爱人"。这正是李镇西老师管理的闪光之处，李镇西老师的班主任策略虽然比《班主任兵法》更有境界，但也因此更难模仿。所以我建议：如果要学习班主任的经验，解决紧急的问题可以学"万玮"，解决根本问题应该学"李镇西"。与万玮和李镇西两人不一样，魏书生的管理精神大体表现为以"法家"为主，兼及"道家"。法家讲究的是"制度"，道家讲究的是"自治"。

在心理学方面，我阅读了陶新华老师的《教育中的积极心理学》、阿德勒的《儿童人格教育》等书，并在专业书籍的引领下开展有计划的心理学研究，我的"谈心本"班本课程案例的解决就是以此为依托。

为了适应互联网时代的新教育，我还阅读了以互联网为依托的《翻转课堂的可汗学院》《思维导图在数学课中的应用》《跟苏霍姆林斯基学当班主任》《跟苏霍姆林斯基学当老师》等书籍。

书籍不仅改变了我的教学风格，也改变了我为人处世的态度。它让我变得温润而和善，以至于学校一有任务我都会抢着干，把完成每一个任务、做好每一件事情当成锻炼自己的机会。

2. 专业写作。

如果说 2018 年我的写作处于启蒙阶段，那么 2019 年我的写作已经基本开始起步。我会因为学生的一句话而产生教育思考，进而书写《孩子，我听到你的忧伤在说话》；以学生的一次谈话为教育契机，书写教育叙事案例跟踪《教育没有保质期》；或者是一节课后自然而然的教学反思《把秦始皇陵一号战车请进数学课堂》。初学写文章就像往外面挤牙膏一样，冥思苦想而不得主题，而现在的写作线索和思维像涓涓溪流一样有了活水源头。

我写作水平的提高直接受益于我的"新网师"作业。我选修的"教育与写作""民主主义与教育""教育中的积极心理学""班本课程"等取得了优异的成绩，也因此被评为 2019 年的榜样学员，2020 年"全国百名榜样教师"。2021 年《在恐惧中重塑教学的勇气》被评为十佳生命叙事，2022 年 4 月 29 日《江苏教育报·新教育专刊》刊发了这篇文章，2024 年它又被收录到新教育生命叙事丛书之一《遇见"尺码相同"的你》。

我创建了自己的微信公众号"余香心教室"和简书"花开余香"，作为向更好更专业方向发展的平台。

3. 专业交往。

"新网师"使我遇到了生命中的贵人——郝晓东老师。从山西太原的理想课堂解读，到河南汝阳《民主主义与教育》共读，再到山东武城读书和写作研讨，我一直用郝晓东老师说的一句话鼓励自己：经典，只有你配得上的时候，你才能够读懂。啃读经典，我一直都在路上。

我的成长离不开徐明旭老师的帮助。他博学善思，对哲学理解得很透彻，让我高山仰止，景行行止。他细心地为我挑选入门书——《苏菲的世界》《人与永恒》《我与地坛》，我的每一次成长，背后都有他的关注。

马增信老师总是那样善解人意和谦和，杨百凌校长带领全校的老师诗意地行走在阅读和写作的路上，王辉霞、周娟、丁秀华……这一群"新网师"人，都是我专业交流的同伴。

学习的路上有你们相伴真好！有了你们一路同行，我会走得更远，谢谢你们，我亲爱的"新网师"家人们！

（三）研发课程

一名教师一定要有课程意识，课程即跑道，它是我们教学过程中的创新经历。

1. "谈心本"课程。

2019 年，我研发"谈心本"课程，它以"焦点解决短期治疗"和《教育中的积极心理学》的相关理论为依托，针对青春期中学生而研发的课程。它聚焦于人自身具有的正向的、积极的能量，强调对于问题的解决不能只关注问题自身，不必过分挖掘问题背后的原因，而应该注重个体没有问题时的状态，引导个体去感悟自己的良好状态，从而迁移到其他方面。这样的做法强调了"以人为本""心理治疗"的理念，用关爱感化和引导学生，充分调动了学生的主创性，使得学生的上进心、责任感、荣誉感从内心迸发出来，促进了良好班风、学风的形成。

运用"谈心本"班本课程，我成功治愈了因为疫情长期在家上网课而迷失自我、抑郁的小莹（化名）同学，也挽救了父母离婚后无人照顾有自残倾向的晶晶（化名）同学。

我不停地通过书写"谈心本"和孩子们进行心灵的对话。书写的方式便于更近一步的指导，发现他们心理问题的真正原因，鼓励他们克服畏难情绪，指导他们形成成长型思维，遇到困难有攀爬高山的准备。同时，帮助他们制订学习计划，我也制订了对他们的辅导计划，他们克服了畏难情绪，学习兴趣也随之而来。

2019 年 3 月 22 日疫情期间，我在"新网师"钉钉群为学友们分享了我的"谈心本"课程，为班主任工作经验缺乏的新入职教师提供了学习的范本。

2.“说话接力本”课程。

为了让孩子们养成上课不说闲话、不乱说话的好习惯，2020 年我研发了“说话接力本”课程，它是以斯坦福大学行为心理学教授卡罗尔·德韦克经过40 年研究得出的“成长型思维”为依托，针对初中低龄儿童上课不会倾听而研发的课程。

“说话接力本”着重自我教育。最好的教育是自我教育，在教育过程中，我们衡量教育是否成功，其实就是在于有没有教会学生自我成长的本领。在教室里，倾听的能力培养起来之后，课堂的言语表现才会变得丰富起来。

“说话接力本”课程在班级实践中产生，我在应用时取得了很好的效果。被邀请去兄弟学校做讲座时，我进行了推广，大家通过实践后，纷纷反馈这一课程在教学中的应用有效地助推了课堂教学的效果。

四、职业生涯第四站：榜样做教师

回想自己的职业生涯，我庆幸自己能够在有生之年遇见“新网师”！正是“新网师”这一学习共同体的引领，使得我在年富力强的时候享受到了教育生活的幸福和完整。我认识到，在今天这样一个知识经济的时代里，借助于共同体的力量带动个体成长已然成为一种必需。

与此同时，我分明感到一种责任，一种使命！“己欲立而立人，己欲达而达人”，为此我想用自己的努力，让更多的教师像我一样感受到教育的幸福。我想起了《致加西亚的信》中的安德鲁·罗文，我要像他那样，无论经历多少危机、多少艰险、多少磨难，都要把信送给加西亚。我想，当这一目标达成，我一定也是无比幸福的。

于是，我成了一名“新网师”在辉县市的代言人，“新网师”的“三专”模式，李镇西老师的“四个不停加一片爱心”的工作方法，都是我给农村教师打开教育的另一扇窗。

在市委市政府教师节座谈会上，我做了《初心似水　花开如火》的汇报。汇报受到了领导们的高度赞赏，郭书佩书记给予了我很高的评价：一个好教师不是教出了几个名牌大学生，而是让学生享受了幸福完整的教育。细细回想，如果没有加入"新网师"，没有专业团队的引领，我不会听到生命拔节成长的声音。

2019年到2024年，这五年我为兄弟学校教师开展专业成长公益讲座32场，承担新入职教师"县培"，同时我还承担了"国培"送教下乡工作，总听众达2万多人。每一次讲座我都认真加入新的案例，做到常讲常新，每接到一个学校的邀请，我都会认真询问需要我讲的内容，我从"好教育好沟通""教师专业成长""让更多的人遇到最美的自己""做一个幸福的教师"等不同方面为大家进行了汇报。

偶然读到了文章《做人最大的无知，是错把平台当本事》，我看到这篇文章后的第一感觉就是，这是为我量身定制的文章。最近几年市里面给了我很多荣誉，我有点飘飘然了。我在文章中提炼出经典思维：别把运气当才华，别把平台当本事。真正值钱的应该是自己，而不是所处的平台；真正应该不断增值的是我们自己，而不是借着平台的风光去炫耀。

"欲戴王冠，必承其重"，我被河南省教育厅授予"河南省师德先进个人""新乡市市长教育质量奖——名教师质量奖""新乡市教科研先进个人"等荣誉称号，上级把这么多厚重的爱给予了我，我会让大家树立起来的模范典型名副其实，不让大家失望。看清自己，不偏不倚，不骄傲，不自卑，保持清醒的头脑，努力提升自己，这是我应该做到的事情。若我把平台当本事，离开平台后，我将注定一无所获。

"志于道，据于德，依于仁，游于艺"，这是我追求并始终践行的教育理念。教育是生命的事业，在至高处，二者又是合而为一的。为此，我愿在不断的追求中，一路修行做教师！

（工作单位：河南省新乡市辉县市文昌中学）

第二章

坚持读写，沉潜专业发展

新教育共同体提倡"三专"模式，即通过专业阅读、专业写作、专业交往来自我培训，形成教师专业成长的内生动力。在专业阅读、专业写作的基础上，借助专业交往提升教师的专业化水平，是教师成长的必由之路。

当教师把专业阅读和专业写作当成了生命自觉，当啃读教育经典和专业写作像呼吸一样自然，教师精神及学术的根基才可能得以奠定，教师专业思维方式才可能得以影响，一个合宜的大脑才可能得以构筑。

共读共写，共谱幸福的诗意生活

董　艳

我是谁？我身在何处？我将往哪里去？做教师，也做诗人，用诗人的情怀做教育，用生命书写人们最关注的明天的诗！

——题记

怀特海说："我用教育的节奏来指一个特定的原则，这个原则在实际应用中对任何有教育经验的人来说都是十分熟悉的。"怀特海的定义言简意赅，却深奥难懂。做教师19年，19年做学生，我能以自己19年的角色转换给这个节奏一个可以理解的解释吗？

什么是教育节奏呢？或者我们可以简单一点来说，教育节奏，是一个人在教育或生活过程中必须经历的三个阶段，即浪漫阶段、精确阶段、综合阶段。这三个阶段在特定的时期内交叉出现，在不同的时期内反复出现。如此循环，伴随一个人的一生。

这个节奏与我形影不离，19年来它在我的学习和生活中，是怎样体现的呢？

一、浪漫感知：在教育书籍中同文字前行

《教育的目的》一书中说："浪漫阶段是开始领悟的阶段，这个阶段，知识不受系统的程序支配。"我就是在这个浪漫阶段被教育书籍改变了。

工作初期，我看到最多的是上班聊聊天，下班坐牌桌。在学校里喜欢用文字表达情感的我茫然了：我不知道该怎样才能排解在异乡的寂寞，变成他们，还是保有我上学时代的读写习惯，长成一个新我？

沉入夜色，我在日记中追问：什么才是一个教师该有的教育姿态？什么才值得我们每一个教师用生命来书写？怎样才能真正走进孩子的心灵，走进教育的世界，融入教育甚至是人的生命，成为一种令人敬畏的生命存在呢？带着这些困惑，我遇到了《于漪与教育教学求索》。于漪老师那句来自生命深处、闪烁教育阳光、流淌教育情怀的话——"一辈子做教师，一辈子学做教师"震撼了我的心。于漪老师的"如水姿态"也将我的生命裹入其中，与之深深共鸣——一辈子学做乡村教师，一辈子甘做乡村教师。带着这样的初衷，我告诉自己：选择了乡村教师，就选择了在黑板前站立的姿势。

为了学做教师，我逼自己在没有任何参考的情况下独自准备教学设计。我一遍遍在寝室里模拟课堂教学，一点点将《人民教育》上的班主任工作做法摘抄在备课笔记本上，用文字记录做教师的点点滴滴……同事们都说我傻，现在什么都是"拿来"的，谁还自个儿钻研呢？

一个躲起来瞎琢磨的"傻子"，入职一年便成为一匹黑马，一路过关斩将，我拿到了霍邱县小学语文优质课比赛一等奖，打破了获奖教师的最短教龄纪录。之后，公开课不断，交流不断。为了不降低大家对我的期待值，我又走上了"挣分数"的道路，教学成绩显著，但我却没有感到丝毫的教育幸福！

《礼记·学记》说："学然后知不足，教然后知困。"知不足，然后能自反也，知困，然后能自强也。2010年，我工作五年了，困惑再次来袭：教育是什么？生活是什么？教育与生活应该以一种什么样的姿态共处呢？我想教学相长，我想获得教育幸福，却苦苦找不到出路。

一个人的改变，或在一本书，或因为一件事！我很幸运，在工作的第五个年头遇见了新教育！

初识新教育，我发现教育教学原来可以这样有意思！

2011年，我从异乡调回故乡。我们学校成为新教育实验学校，我的生活被师生共读共写包裹，我成为那个最痴迷的人。自此，教育阅读和教育写作融入了我的生活，我走上了"读写思行"这条幸福的诗意之旅。

业余捧文学，业务捧文章！当阅读像呼吸一样融入我的生活，不捧不寝。《新教育晨诵》等文学之捧润滑了我的情感；《致教师》等教育家系列书籍为我的课程研发保驾护航；《存在与时间》等哲学之捧给了我一双审视自己职业行为的眼睛！

两次捧读《教育的目的》，陷入怀特海的文字无法自拔。读什么，便思考什么。这次阅读我开始颠覆以往的读书笔记方式，用一种独属于自己的方式记录我的读书生活，尝试着"浪漫—精确—综合"的方式以"走近（整体上关注一本书的存在）—走进（用批判的态度审视，纳入书中精华）—走出（用总结的方式梳理阅读之后的所感所思所获）"来抒写我的阅读诗意。每每捧读一本书，都会写上2万字左右的读书笔记。

书忌耳传，文贵自得。几千万字的阅读，100多万字的读书笔记书写，我收获着"不跪着阅读""写有个性的文字"情缘。我认识到："读是穿越他人的世界，写是雕刻自己的时光！读写就是在他人的世界里穿越后回到自己的时光中和自己对话！"我的读写也引来了他人的关注：我成为教师领读者，和老师们一起共读；我在《教师博览》首届读书论坛上分享了一名农村教师的教育写作心得；我在新教育国际高峰论坛上讲述一名乡村教师的读写故事……

用文学滋养心灵，用文章洗涤头脑。每一种文字的背后都有一个独一无二的灵魂存在！阅读正是我探悉这种或已远去的或正影响当下的灵魂最诗意的方式之一。

《教育的目的》一书中说："从接触单纯的事实，到开始认识事物间未经探索的关系的重要意义，这种转变会引起某种兴奋，而浪漫的情感本质上就属于这样一种兴奋。"学海茫茫，捧卷壮我书生本色；师道漫漫，挥毫铸我教师精神。作为新教育学校的老师，这个阶段我获得的幸福就是，与其把文字养在心里之后腐烂，不如把文字晾进生活及时分享！

同文字前行，我叩问：我是谁？我身在何处？我将往哪里去？被文字浸润的朴素之心告诉我——我的眼前是一双双渴望的眼睛，我的身后是一颗颗期盼的心，我就是立在眼与心之间的那个人！

二、精确学习：在新教育共同体中与大家同行

《教育的目的》一书中说："精确阶段也代表一种知识的增加和补充，这个阶段，知识的广泛的关系居于次要地位，从属于系统阐述的精确性。"从一个人浪漫地感知新教育，到走进新教育各种共同体，我深切地体会到了精确学习对一个人的深刻影响。

一个人的摸索往往由于自身的思维见障无法看清问题的本质，个人的反思常常会因自身的理论贫乏无法对导致问题的思维方式进行剖析。走进新教育共同体，这些都不是问题。

2013年起，我走进"新网师"。在哲学课和语文课上，我探索着作为一名乡村教师的幸福所在，汲取各位语文大师的教诲，在全国各地的学员身上我探寻着自我存在的价值。借助《构筑理想课堂》的学习，利用有效教学框架的备课方式，本着"先学后教、以学定教"的理念，我与各年段孩子一起践行理想课堂的三重境界。

审视他人的课堂批判纳入，反思自己的课堂拨正提升。在上《跟踪台风的卫星》，检查孩子们的批注时，我发现贾建文在"'哈'，小星星笑了笑说，'我是第三代气象卫星……'"这段话的旁边注了一个"！"；王琰在"'小东西！'台风狂怒地嚷着，'你可知道我的厉害？鱼儿见我……'"这段话的下方标了一个"？"。

随后，我调整了教学。后以《捕捉课堂细节，走向教学相长》为题将这节课写了下来：

……我预感到这两个符号后面一定蕴藏了孩子不一样的体会，他们的体会或许暗合了我的备课心思。在备《跟踪台风的卫星》这一课时，就发现了这一课的语言形式与我们平时所学习的对话有很大的差别，这在孩子那里，又将是一次学习的契机。

我对孩子们独立穿越文本及这个共学前的补充批注充满了期待。贾建文和王琰的符号批注让我看到了一线曙光。

……

不间断的雕刻与梳理并总结，我也逐渐形成了独属于自己的课堂叙事形式：教材解读，用走近的方式，站在读者、学者和教者的角度剖析文本价值和教学价值；课堂叙事，用走进的方式，使用现象学描述法，还原一个本真的教学现场；教后反思，用走出的方式，分析自己的解读与教学差异，预设与学生发展之间的出入。每一次，我都会写上2万多字，一名乡村教师走上专业成长的自教之路，这是"新网师"给予我的幸福。

2014年起，我成为新教育种子教师，担任年级组长，带着我的伙伴们开启了"共读共写共行共享"的网络学习模式。研讨群里，结合自己的成长经历，我把每月共读共享定为我们幸福成长的第一步。我们读了朱永新老师的书，童喜喜老师的书……这些阅读及群内交流，在唤起共鸣的同时，使伙伴们感受到不同于之前的生命存在方式，这就是新教育给予我们共同体成长的幸福。

2015年起，我创造童谣《萤火虫》："萤火虫有梦想／提着灯笼照家乡／青草地，山坡上／哪里都有小灯光／／萤火虫，追梦想／提着灯笼赶路忙／孩子孩子，你别慌／一盏一盏全点亮／／萤火虫，织梦想／提着灯走四方／乡亲乡情，一箩筐／到哪儿都把故乡装"。

我组建了新教育萤火虫六安分站。我和义工们在线上、线下组织开展分站活动，我们的阅读推广覆盖50多个乡镇，10多个县市，惠及8000多名师生。以文字点燃自己，照亮孩子，温暖大家，作为新教育阅读推广人，我在乡村谱写了一首朴素、幸福的新生命之诗。

2020年去而复返，修缮阅读史《业余捧文学，业务捧文章》，完成6000

多字的书写，再进"新网师"，我是学员201371。我发现这两年不在"新网师"错过了好多，面对应接不暇的一批课程，为了给自己一个重启的仪式，我首选了郝晓东老师讲的《人是如何学习的》。

人是如何学习的？这些年，做学生我是如何学习的呢？总是顾此失彼！人是如何学习的？这些年，做教师我是如何引领孩子们学习的呢？总是心有余而力不足！郝晓东老师帮我解开这个疑团。疫情期间，与时间赛跑，我一边在新教育萤火虫六安分站努力服务，一边在郝晓东老师的课程里奋力学习，相继阅读了《刻意练习》《倾听着的教育》等书。日日写作，晚晚打卡，写下了《听郝晓东老师讲课，我看我》《听郝晓东老师讲课，我看学生》《听郝晓东老师讲课，我看教学》等10多万字的读书心得；完成了《学习，教师的终身课题》《参考有路径，思索有方法，人可这样学习》等作业10多万字。20多万字的书写，让我越发爱上"新网师"，爱上在"新网师"学习的点点滴滴。在学习"学习迁移"时，郝晓东老师给予我教诲，我梳理并剖析了进行十年之久的主题式读写思行。

携他人同行，我自己也在线上线下主持了几十场的交流活动。每一次交流，我在梳理自己的同时也更加认识了自己！100多万的学习文字经我的指尖飞向我的家园、见证我的教育幸福时，我教育的诗意便在不经意间潺潺而出！

《教育的目的》一书中说："精确阶段要使人一点一点地接受一种特定的分析事实的方法，要按照有条理的顺序获得其他事实，从而对浪漫阶段的一般内容作出揭示和分析。"携手新教育，与大家同行，在这个阶段，我开始叩问：我是谁？我身在何处？我将往哪里去？被新教育共同体塑造的"新我"告诉我——在乡村我须以各种课程为依托，在新教育生活中和孩子们幸福地诗意行走。

三、综合运用：在教育生活中和孩子们幸福地诗意行走

《教育的目的》一书中说："综合阶段是要使人摆脱知识细节而积极运用原

理阶段，形成智慧。"在新教育共同体中不断地精确学习，我和孩子们渐渐走上了学习、生活的综合期。

2013 年 10 月 7 日，我在新教育在线构筑了我们师生安身立命的去处——乡土乐。自此，在新教育的引领下，我在乡村开始了一场以抒写"乡土人生"，深埋"乡土情怀"为旨归的幸福跋涉。

（一）开启幸福的诗意之门

1. 建家校群，争取家长们支持诗意阅读。

新教育萤火虫六安分站成立后，为了让乡村的父老乡亲认识到阅读对孩子成长的重要性，在群里，我不停地写信，不断地发家教文章……爷爷奶奶们不反对孩子们读课外书了，但也不怎么支持；不间断地开家长会，不停地写信，不断地发家教文章，介绍读书案例……外地的爸爸妈妈们开始动心了，爷爷奶奶们开始打听阅读的事情了；展示读书卡，不停地写信，不断地发阅读文章；设计、找人订做、自己出钱购买读书袋；成立家委会，不间断地开家长会，不断地介绍阅读，不时地展示孩子们的阅读作品类作业……每到月底，群里就有人开始操心下个月的共读书目了；有人从千里之外寄来了共读书，有人为孩子购买书了，有人争着晒孩子的假期读书照片了；爷爷奶奶们不打牌了，听孩子读书了……

2016 年 9 月，新教育阅读节，我们开展第二次线下活动。在家校群中，我听到了这样一些声音：

"董老师很忙，买书这件事我们自己来！"

"董老师要是参与买书，会遇到麻烦的！"

"我可以在网上买，需要的跟我讲，我愿意给孩子们买书。"

……

家长们的支持，成为我幸福行走的动力。

亲子共读的方式很多，但我只能与家长们说："尽我们所能陪孩子阅读。如果不能陪在身边的话，心也要陪伴。"在乡村做新教育，这就是我们独特的幸福。

2.贴标签，引领孩子们爱上诗意阅读。

一年级起，为了把阅读浸入每个孩子的内心深处，借"那诗意在乡土的歌"课程行走。每一个黎明，我们都会在《爱读书的孩子》中开启新的一天。

"早安，孩子们！"我希望用我的微笑感染孩子。

"早安，董老师！"孩子们同样给了我灿烂的笑。

"孩子们，你们是一群爱读书的孩子！"我把期待送给孩子们。

"董老师，我们是一群爱读书的孩子！"开始是有口无心地应答，逐渐变成对自我行为的认同。

之后，我们一起诵读《爱读书的一（2）班孩子》：

> 捧着日光读
>
> 一天一遍
>
> 读得兴奋满脸
>
> 爱读书的一（2）班孩子
>
> 捧着月光读
>
> 一夜一遍
>
> 读得平平安安
>
> 一听说
>
> 董老师要来检查
>
> 每个孩子便摇头晃脑
>
> 大声朗读

有时，明明知道有人昨晚没阅读，我也不揭穿，还是想让他在"我读书了"的声音中意识到"今晚一定要读了！"通过反思，接着给自己贴上"读书人"的标签。不断地贴标签给予了孩子定性的导向——我是个读书人，我要阅读。

没有说教，一个个黎明贴上的标签把孩子们领进了书的世界。做一个幸福的读书人，这种强烈的心理暗示，激发并保持孩子们的阅读兴趣，最终凭借文字的力量吸引他们迷上阅读，养成阅读的习惯，并把阅读融入生活。

（二）共谱幸福的诗意生活

情系教育！我逐渐认识到：语文科可有多个语文课程或多种样式的语文课程。爱植乡土！告别无数个不眠之夜的孤寂吟唱，我凭着对乡村小学语文教学现状及乡村孩子语文学习特征的粗识，带着对小学语文教学的浅薄认识，携着对新教育儿童课程的点滴体会，提出了乡土田园诗意教育观，开启了系列课程探索。

2013 年 9 月起，启动课程"沐浴古来之风"。黎明，我借助手机朗诵教孩子们吟诵，在《笠翁对韵》等古典文化的熏陶中，我们从平仄声律到古诗吟唱再到绘画解析，我们在对对子里穿越，在古诗词里穿梭，在小古文中徜徉……我们把中国的传统文化读成了一支歌，一幅画，一段情，一颗心！

诵过小古文《放风筝》，"青草地，放风筝，汝前行，吾后行"，午餐时孩子们都能按秩序安静地排着队下楼。盛汤的时候，好多孩子都自愿让更小的孩子先来，值日老师反复的说教竟不如这一篇诵读给力。我知道孩子们是读进去了，而文字的精髓也悄悄地影响了他们。这种无痕教育就是孩子们需要的幸福教育。

2013 年 11 月起，我和孩子们借着《向着明亮那方》的吟唱走进了课程"那诗意在乡土的歌"。我们以读写"乡土儿童诗歌"为主题，每个黎明诵诗、写诗，说创作小故事，谈吟诵体会……共读共写共享诗意。周二集体诵读《麦苗》等富有乡土生活气息的诗，孩子们为诗配画，把诗改成故事；周三我写诗送给孩子们，并引导他们赏析，给诗配画；周四集体作诗，我引导孩子们对乡村中的人、事、物等进行挖掘，确定主题，集体创作了《插秧》等诗歌；周五习诗，孩子们用一个词、一句话说说本周诗歌之旅的收获，展示个体创作，如《田埂》等，并说说创作小故事；周六寄诗，静下来，沉进去，凭着记忆，课堂上孩子的言行举止，言语表达时的神情变化，倾听者的面部表情……我用现象学的方式完成一周诗歌课程的记录，如《流淌在麦田里的诗》等，反思教学行为，推进课程行走。2014 年 3 月孩子们写诗送给我：

一个个孩子，笑了！

一篇篇写话，动了！

一本本书，醒了！

笑了，一个个文字！

动了，一课课课文！

醒了，一个个动态！

我们的董老师

很热情，天天钻进教室里

和我们在一起！

听到孩子们的诵读，我幸福地笑了。做教师，任何表扬都比不上孩子们纯洁的语言让人觉得幸福。

我们读了 600 多首儿童诗，我写了 600 多首儿童诗，孩子们累计创作了 3000 多首儿童诗。刘铜硕等 40 多个孩子的儿童诗先后发表在《少年诗刊》《未来作家导报》，我写了 20 多万字的课程叙事。我们的课程叙事先后在"新教育国际高峰论坛"征文中获特等奖、年度十佳课程提名奖。申请的六安市市级课题"乡土儿童诗进课堂的实践研究"于 2019 年顺利结题。

用诗歌开启每个乡村黎明，以诗歌吟唱生命成长故事，这就是我们乡村师生享有的幸福完整的教育生活。

2015 年 9 月，我们走进了"荡舟书海"课程：每月一本，每天中午 30 分钟，每天晚上 20 分钟。从精心选择到上推荐课，从共同批注到上推进交流课，从组织展示到上汇报课……我和孩子们共读了童喜喜的《小小它》等幻想系列，《林汉达中国历史故事集》等人文书籍，《万物简史》等科学书籍。

我们共读《夏洛的网》，刘岚潇写下这样的文字："……以前，我为自己是农村孩子而自卑。后来，董老师带着我们读了那么多书，领着我们和高尚的人对话。我会写诗了，也会写文章了。董老师用文字为我们织网，我相信我这样一个农村孩子也会成为一个美好的人，也能为他人织网……"阅读育人，教学生如此，此生何求？

我们共读了 500 多本书。孩子们写的读书笔记、做的手抄报已经无法计算了。我通过课程一次次走进了孩子们的心灵，摸索着无痕教育，开启了"携一颗心做教育"的主题阅读和系统写作。在安徽省校园读书创作活动中，我指导四人参赛，他们捧回了三个省级一等奖、一个省级二等奖，在乡村学校，以前想都不敢想。读写让身处乡村的孩子可以和城里的孩子享受平等的教育，在古今中外的文字里徜徉，我们的孩子是幸福的。

2015 年 10 月，我们走进了"品味乡土生活"这一课程。我们走进超市，走向晒谷场，走进田间地头……我们用从阅读中汲取的知识、提升的能力来"阅读"乡村社会，描摹乡村生活。初冬时期，穆蕊蕊的小诗感动了很多人：

种太阳
——送给我们的乡土

冬天到了

忙了几个季节的

动物们，也该

睡一个好觉了

这个时候

我真想种一个

大大的太阳

给他们搬过去

让每颗心灵

还有每寸土地

都暖暖的

香香的

"我看见了我们家冻得缩成一团的小鸡，我就想我应该种一个大大的太阳了。"穆蕊蕊在谈起自己的创作故事时说。当孩子的小诗、创作感言，以及配画发表出来以后，许多家长被这颗柔软的心感动了，流下了幸福的眼泪。

2016 年 9 月，我以留守儿童这个教育难题为突破口，研发时空读写课程"远方的诗"。在农村与城市之间架起桥梁，开启了孩子和父母之间每周一封信的书写，让他们在阅读彼此的文字中了解对方所处的环境，感受那被拉长的教育温暖。

2017年3月，郑恩耀给妈妈的信中这样说："亲爱的妈妈，您怎么样了？您的身体好吗？最近吃得好吗？活难不难？会不会干呢？我的学习您不用担心，我会很努力的……"

妈妈回信："可爱的儿子，妈妈很好！吃得好，住得好，工作也好！就是想你了！只要你健康成长，妈妈什么都好……"

每每在群里看见这样的信，我的泪就止不住地流。留守的孩子不再因缺失的爱而孤单，远走的父母不再因爱的缺失而不安，浸润在新教育里的家长和孩子是幸福的。

2015年9月起，新教育萤火虫六安站成立后，我汇集各地父母的力量，我们的"萤火之光"课程，在各乡镇老师的协助下，进行乡村家庭教育的线上、线下交流。阅读经验在分享交流中逐渐改变着农村家庭的教育思想，净化我们的教育环境，让各地的乡村教育聚起来成为一个大家庭！

2016年3月，我在岔路镇上阅读指导课，一个小女孩跑到我面前期盼地望着我："老师，你以后还会来给我们上这样的课吗？"

"你们喜欢吗？"捧着书的我被一群孩子围了起来，从他们的眼神里我看出了他们对阅读的渴望。

"喜欢！"

"能学到好多东西呢！"

"这样上课好有意思！"

……

2020年疫情期间，我带领21名义工以"抗击疫情，守护希望"为主题开展线上公益课程"晨诵·共读·说写"的推送，惠及六安市2000多个学生，深受教师、家长和学生们的喜欢。"萤火虫六安分站"微信公众号报道学生、教师、父母、义工50人次，评选六安市学习小明星800多个，学生们获得全国学习小明星400多人次。我们的萤火虫工作，被六安市人大网整版报道，得到了全国政协副主席朱永新老师的肯定与鼓励。

携手新教育，且思且行，让更多的乡村孩子、教师享受阅读的快乐，一直是我的心愿。高镇小学我是带着《中华上下五千年》的阅读推荐去的；黄山市歙县我是带着"从诱惑到信仰"的教师写作话题去的；芜湖市延安小学我是带着《阅读，开启我们的诗意人生》和师生畅谈阅读的诗意……200多场的线上线下交流，我凭着"新教育能改变……"的信仰，把文字植入我所遇到的每一位教师、每一个家长、每一个孩子的生命中。我想读写带给他们的一定比读写本身还要幸福。

相遇新教育，且行且思且写，我开启了主题式的读写思行研。周一携一颗心做教育，我读教育专著，做"无痕教育"的探索，写教育叙事；周二吟一首诗给孩子，我读诗歌，进行"那诗意在乡土的歌"的课题研究，写儿童诗；周三带一本书进教室，我读教学专著，进行"阅读指向表达"的课堂摸索，写语文教学叙事；周四雕一篇文入生活，我读文学书籍，观察农村生活，写心语杂感；周五寄一片情给乡土，我读课程研发书籍，结合各个课程的开展，写课程叙事；周六留一点思给自己，我读哲学书籍，写读书心得；周日捧一点爱给小墨，我读家庭教育著作，写亲子叙事。在乡土读写思行研，我写下了500多万字的教育教学随笔，发表了200多篇文章，出版了一本书。书写使我认识到，教育单有激情不够，还要用文字为爱作证；教育只有思考不行，还应让文字记载奇迹的诞生……写是为了在写中锻炼思维，学会反思，最终在自己的文字里与教育幸福地对话！

且思且行且诗，在新教育引领下，我依托各种课程的研发在乡村诗意行走，这一做法先后被《中国教师报》《教育家》等媒体报道，其中"那诗意在乡土的歌"这一课程还被《中国教师报》推荐参加了第四届全国教育改革创新典型案例的评选。凭借教育写作，我受邀站在了成都、昆山、厦门等国际高峰论坛上讲述新教育给予乡村师生的生命成长故事。我个人也先后被评为安徽省第九批特支计划基础教育教学领军人才、安徽省特级教师、安徽省最美教师、安徽省优秀教师、全国巾帼建功标兵、全国最美教师、第二届大国良师、全国新教育优秀种子教师、全国新教育优秀萤火虫义工、全国新教育榜样教师、阅读点亮中国年度点灯人评选提名奖、全国烛光奖等荣誉称号。

《教育的目的》一书中说："综合阶段是精确性训练始终追寻的目标，是最后的成功。"成长比成功重要，携手新教育，和孩子们诗意行走，这个阶段使我坚信，在乡村大地上，用新理念擦亮乡村每个日子，呵护教室里的每个生命，让每个孩子、每个家庭都能得到一定程度的生命成长——这也是我们乡村应该拥有的幸福完整的教育生活。

《教育的目的》一书中说："教育应该是这样一种不断重复的循环周期。"19年了，我变了，我也没变，每一年在文字中浪漫感知，在共同体中精确学习，在教室里综合运用……一年一年，我做了那么多改变，只是为了我心中的不变，在乡村和孩子们一起读写思行，守望新教育，筑梦新生活，共读共写，共谱属于我们乡村师生的诗意生活是我永不放弃的旅程，也是我的幸福归宿。

爬犁生命，澡雪精神，净化灵魂，提升情怀。用《教育的目的》一书中教育节奏的相关理念回顾我的职业生涯，展望我的教育未来，叩问再次响起：我是谁？我身在何处？我将往哪里去？不管19年，29年……孩子的方向就是我的方向。就这样，守一方乡土教育，书一篇生命诗意，我们在农村大地上诗意栖居。而我永远不会忘记自己的誓言：树林美丽，幽暗而深邃，但我有诺言，尚待实现，还要奔行百里，方可沉睡！

因为我始终有个梦——

我有一个梦，业余捧文学，业务捧文章，在他人的文字里和自己对话，这个阅读情结挥之不去。

我有一个梦，让我的那些乡村孩子生命成长于我的课堂，这个课堂情结挥之不去。

我有一个梦，用我手中的笔还有我的心雕刻乡村师生生活并带着点文学气质，在自己的文字里与教育对话，这个书写情结挥之不去。

我有一个梦，在乡村教育的蓝天下，和农村孩子共读共思共写共享教学相长，这个乡土情结挥之不去。

生命不息，行走不断！

（工作单位：安徽省六安市霍邱县户胡镇中心小学）

人生的亲证

徐明旭

爱一个人，莫如静秋。小说《山楂树之恋》的结尾这样写道——

每年的五月，静秋都会到那棵山楂树下，跟老三一起看山楂花。不知道是不是她的心理作用，她觉得那树上的花比老三送去的那些花更红了。

十年后，静秋考上 L 大英文系的硕士研究生。

二十年后，静秋远渡重洋，来到美国攻读博士学位。

三十年后，静秋已经任教于美国的一所大学。今年，她会带着女儿飞回那棵山楂树下，看望老三。

她会对女儿说："这里长眠着我爱的人。"

每次读到这里，我都被深深打动，不只为一份纯洁无瑕的爱情，更多的是为一份坚定的信念。夜深人静，叩问心灵——我，一个教师，对于教育，是否有静秋那样一份颠扑不破的信念？

一、理想与现实的差距

师范学院毕业之后，我被分配回家乡——苏皖边界的一个小镇，成为镇中学的一名教师。这所学校地处偏僻，行政上隶属于安徽省，往南3公里即是江苏南京市地界。在我回来之前，学校还没有一名中文系科班出身的语文教师，语文教学在全市始终处于落后水平。校长是我初中时代的历史老师，苦于语文教学没有人能够挑起大梁，他决心要引进科班出身的语文教师。他听说我毕业了，愣是坐在教育局人事科把我要回了镇中学。

那时候，我浑身充满干劲，恨不得把自己所有的知识都教给学生。于是备课、上课、改作业、研究练习题……除了教一个班的语文课，我还担任了初一年级三个班历史课的教学。在那时，历史并非中考科目，但因为我本来就对历史兴趣盎然，所以教得很认真，培养孩子们的学习兴趣和学科素养。走进教室上课的时候，我从来不带课本，因为那些知识框架、重点难点等，我早已烂熟于胸，"胸中有丘壑"。

理想很丰满，现实很骨感。很快，我发现，我的思维方法、教学理念不能与同事们保持一致，生活方式也截然不同。在他们看来，语文教学的根本目的就是考试，语文素养、人文关怀、文化品位等，无非是些冷漠的"大词"。至于历史课，可以随意被主科占用，一切要为学生的升学让道。生活方式方面，在那个小小的圈子里，喝酒、钓鱼、打麻将是大多数男老师的"标配"。

我知道，中国古代学人在读书治学方面有着优良的学统与道统：作为一个知识分子，一方面要有纯粹的为学问而学问的精神，另一方面要有爱因斯坦所说的对价值的理解和热情，前者可称为"学统"精神，后者可称为"道统"精神。但是今天，这样的学统与道统已经没落。而今天的中国学界充斥着各种各样的"知识贩子"或"知识混子"，而不是真正的学人。学术界如此，教育界同样如此。或许源于我本来就有的丰富而敏感的心灵，作为耕耘在三尺讲台的老师，我不大愿意做"知识贩子"或"知识混子"，也因此时常感到茫然失措。

于是，我开始读书，想在书中寻找答案。

毕业后的最初几年里，我零星地阅读了中西方文学、文化经典著作。作者深刻的生命体验和丰富的思想认识拓展了我的思想维度，引发了我对社会现实的关注和思考，以及对人生意义的探寻。我意识到，一个读书人，只有当他带着对人生问题的思考和追问，才真正来到了读书、为学的"临界点"。

二、精神的飞升与断折

2002年，我告别公立学校，应聘到江苏无锡，在私立无锡GH学校教高中语文，兼做班主任。在这里，我有幸接触到了许多教育界的名师、学者，有幸结识了同样潜心于阅读和写作的两位兄长。

2003年，李镇西老师到我所在的学校讲学，让我受益匪浅，我也因此对语文教育教学产生了前所未有的热情。此后，我还聆听了周宏的"赏识教育"、朱永新的"新教育之梦"、韩军的"新语文的六大理念"、魏书生的"教师的三重收获"、钱梦龙的"三主四式导读法"等教育理念和方法。他们先进的理念、丰富的实践经验一定程度上开拓了我的视野，促使我不断阅读、反思、提炼、总结并逐渐形成了自己的教学思想。

我给自己设定了一个目标：利用工作之余的零碎时间，每年读100本书，涉及政治、经济、历史、社会、教育、科学、美学、哲学、心理、宗教、中西方文学等多个领域。那是我思想最为活跃、收获最多的几年。随着视野的开阔，我的写作能力也得到了提升，时有文章见诸报纸、杂志。

在教育教学的实践层面，经过学习和反思，我逐渐能够设计出较为精彩的教学方案，能够独立地展开教学行动研究。我清楚地感知到自己正走在成为优秀教师、卓越教师的道路上。

那些年，我以为生命就是要不断飞升，却没有想到高处也会有寒流。

2009年元旦当天，我的爱人遭遇交通事故丧生。料理完爱人的后事，我带着4岁的女儿回到家乡，回到我最初工作的乡村中学，真正从终点回到起点。我时常想到奥尔罕·帕慕克《我的名字叫红》中那个叫黑的青年，在漂泊12年后踏上回乡之路，冥冥之中预示了我的生命经历。那一年，我34岁。

爱人离世后，我不得不面对各种生活现实：调动、买房、挣钱、抚养孩子、重组家庭等，因而在专业发展方面没有太多研究，也没有什么进步，甚至可以说，我完全退回到物质化的生存状态。这样的状态让我时常在夜深人静的时候感到后背发凉：我曾经那样执着地沉浸于阅读经典、写文章，但是置身于生活的漩涡，我在家庭变故后已很少阅读和写作；我曾经觉得做一名优秀语文老师、教育学学者或者文学研究者的理想是那样切近，蓦然回首却又觉得这理想是那样茫远……

一位学生上大学后写信给我说："老师，我会记得您！学生总会记住对自己人生影响深远的老师……"这话像是激励又像是鞭策，让我思考良久，怅然若失。

"桃李春风一杯酒，江湖夜雨十年灯。"2018 年 3 月，我的小女儿出生了。这个生命再次燃起我对生活的热情，我感到，余生我应当有所交代，向这新生的生命，也向自己尚未完全消退的那一点点"理想的余温"。我想重新回归书斋，重新研读经典著作，重新在平凡的教学工作中展开研究……于是，我写下了自己的阅读史，于 2018 年秋成为"新网师"的一名学员。

三、夏有乔木，雅望天堂

走进"新网师"，我逐渐知道了有一个愿景叫作"过一种幸福完整的教育生活"，了解了教师成长之专业阅读、专业写作、专业交往的"三专"模式，逐渐懂得了构筑理想课堂需要"知识、生活与生命的共鸣"，逐渐感受到作为一位真正的教育学人远大的文化理想和宏伟的文化想象力。

于是，我在困惑中走上了专业阅读之路，柏拉图的《理想国》、罗素的《西方哲学史》、卢梭的《爱弥儿》、杜威的《民主主义与教育》、苏霍姆林斯基的《给教师的建议》、佐藤学的《静悄悄的革命》、朱永新的《我的教育理想》、李镇西的《教育是心灵的艺术》、郝晓东的《改变教育的十二个关键词》、余映潮的《语文教学设计技法 80 讲》……100 余本，一本本读来，如甘露滋润我干涸的心田。

在"新网师"，我结识了一群胸怀理想、肩负使命的人——河南刘广文老师潜心研究《人间词话》，"十年磨一剑"，终获诗词解读之真谛；山西郝晓东老师从一名初中老师成长为大学老师，从海南五指山支教走向苏州大学攻读博士学位；吉林孙影博士海外归来，从最初感到写作是煎熬到以阅读和写作为自己的生活方式，发表多篇 SCI 论文，晋升为教授；辽宁卢雪松老师在顽强地战胜病魔、劫后余生的时光里，在一间小小的教室里践行着自己的教育理念……我从全国各地的学员身上看到不同的生命状态，发现了每个人身上不同的闪光点。原来，教育生命可以如此璀璨、如此丰盈。

阅读是输入，写作是输出，教师专业发展需要持续地输入与输出，念兹在兹，以日以年。于是，我选择了坚持读写，在纸张与文字的穿越中锻炼、壮大自己。学习期间，除了发表的百余篇（首）文学作品外，我还写下了《韩军语文教育思想研究》《一段崎岖心路，两个伟大灵魂——〈藤野先生〉那些事儿》《对语文教学"新八股"现象的系列思考》《从魏书生到余映潮：对语文教学"唯技术主义"的反思》等打卡文字、教育随笔、教学论文，突破 50 万字。我渐渐意识到，"写作"是个动词，写作原本就是生命的鞋子和盐。

有一种意外叫不期而遇，有一种感动叫久别重逢。可能是被生活耽搁得太久，在重新走向专业成长的路途中，我感到一种纯粹的快乐，一种深奥的简洁。

四、追求生命涌动的课堂

"新网师"的学习给我带来了认知的变化以及专业素养的提升。阅读朱永新老师的《知识、生活与生命的共鸣》，我认识到，我们平常的课堂教学大多止于一些操作层面的所谓"技法"，而缺失了对"知识这一伟大事物的魅力"的发现。

2019 年 7 月，我参加在江苏泰州举行的学术会议，聆听了哲学博士李庆明的小学哲学课和文学博士陈国安的中学文学课，感触很深：原来，课还可以这样上！在他们的课堂里，完全没有中小学老师津津乐道的教学法，而是凭借自身强大的知识背景，将课堂演绎得精彩绝伦，教学活动洋溢着生命的活力。这次观课让我领略到了新教育实验一直强调的"知识的魅力"。

我由此想到孙绍振所说的话，"我从小学生到大学生到博士生都能教，从未用过什么教学法。在语文这门学科上，能力比教学法更重要"。这里的"能力"，显然是通过大量阅读养成思维习惯，进而还原知识创生之初的魅力。而基于"能力"的教学形态，不正是我在专业发展之路上苦苦追寻的吗？我于是将关注的目光投向了当下的课堂，包括自己的教学。

比如，小说教学教什么？这是一个值得研究并常说常新的话题。事实上，长期以来，小说教学俨然形成了一种"新八股"——梳理故事情节、感悟环境描写、分析人物形象，此外无非寻找细节、品味语言，再玩不出什么新鲜花样。出现这种现象的原因，一方面是王荣生教授所说的，新的文艺理论（当然包括小说美学）没有进入语文课程标准以及一线教师的教学实践；另一方面则是语文教师认知与思维的固化，往往被"三要素"的冷硬概念、陈旧的教学模式与教学方法束缚。

问题是，"三要素"这一理论工具并不能用以解读所有小说，西方现代主义小说，如加缪的《局外人》、伍尔夫的《墙上的斑点》，中国当代先锋实验小说，如马原的《冈底斯的诱惑》、格非的《迷舟》等作品，显然无法用"三要素"来进行"透视"。

借鉴名家学者的文本解读理念与方法，我为自己的小说教学设计出了"冲突—结构—情绪"的个性化的教学路线。实践证明，教学效果远高于传统模式下的教学效果。

这一教学路线的产生自有其背景与理由。首先，小说的冲突是教学设计必须关注的一个维度，因为小说的冲突越是错综复杂，故事越是精彩不断。其次，优秀小说的叙事结构往往有着惊人的一致，这个方面来源于神话学学者约瑟夫·坎贝尔提出的"英雄的旅程"，他认为所有神话故事都有同样的结构。这一理论在学术界和文艺界产生了广泛影响并成为当代全球流行文化的来源之一。借助于这一理论工具，我们可以透视经典小说的故事模式。最后，小说流露出的情绪也是鉴赏要点。读小说的时候，读者常常会产生各种情绪，随着故事中的人物一起欢笑、流泪，一起紧张、放松，其根源正在于小说作者在创作中有意无意地设置了"情绪触发点"，从而引起读者情感与心理上的共鸣。尽管这种"共鸣"，有时不过是"各哀其哀，各美其美"，然而在实际情形中是一种"共时存在"。

不断地学习、反思、研究、调整、总结、升华，促使我认识到，真正的课堂应该是生命涌动的课堂，是一种大的智慧，也是一种大的呼吸。

五、今生今世的证据

教育的目的是什么？理想的教育到底是怎样的？教师每一天的教育行动究竟在多大程度上、多大范围内对于学生的发展起到推动作用？"语文"是何种性质的学科？语文教育与教学的目的究竟是什么？作为基础教育课程，语文教育的终端输出又是什么？……这些原点性的问题无疑是基础教育工作者——教师以及教育研究者——所要面对与思量的。而如果说，上述问题还只属于"形而上"的追索，可以做选择性忽略，那么接下来的问题便是"形而下"的关切：为了抵达教育与研究的"澄明之境"，中小学教育工作者到底该以何种方式直面生活与生存……我总是在这样一些问题上陷入深思并试图找到答案。

我认识到，"形而上"的思想、观念、意识、逻辑、价值、哲学等无不贯注在"形而下"的生活细节里，在我们日复一日的生命循环中，可以说，学术研究（当然包括教育学术的研究）本就植根于我们的生活与生命体验中。而在某种程度上，教育工作者的生活与生存方式直接关乎和影响其教学与研究的专业水准。

如果说科学家以科研问道，艺术家以创造问道，宗教家以修行问道，那么教育工作者如何问道呢？我想，如我一般的教师、研究者必然是以教育理论与实践的研究问道，如此方可能在自身的职业生涯中接近或者抵达教育的真相。进一步说，一个人的人生境界与其所从事的职业的境界具有高度的同一性，正是这样的同一性使得人的精神有所归依。

观照起来，我的职业经历总是充满困惑，以至于时常感到"不安"，感到一种"克尔凯郭尔式的焦虑"。我不能准确说出它始于何时，又似乎是一直伴随着我的。

加藤谛三说："感到不安，是因为看不见真正的自己。"我于是常常想起多年前在私立学校工作时一位老兄给我讲的故事——

韩国有个叫金镇洪的学者，年轻时在某著名大学当教师，给大学一年级的学生讲哲学概论。一位学生问可否提问，他允许了。学生站起来问："老师，真理是什么？"他犹豫了一会儿，用康德的理论回答。但学生不满意这个答案，反问道："教授，这种真理和我有什么关系呢？请您讲一讲我能为之而生、为之而死的真理吧。"金镇洪一下子就蒙了，说自己也不知道。学生说："老师给我们讲一些连自己也不明白的东西，这不是浪费彼此的时间吗？不如到此休课吧！"

金镇洪很受刺激，觉得自己确实是"以其昏昏，使人昭昭"，何等荒唐！于是辞去了大学教师之职，在大学附近卖起了冰激凌！

这个故事影响了我多年以来的职业经历，时常提醒我：今生今世，我是一名老师、教育研究者，我要做的是追寻教育的"道"。

2021 年，我决定考研，走学术科研之路，于是重新拿起了告别多年的大学英语课本。2023 年，我参加全国硕士研究生入学统一考试并被河海大学录取，目前在撰写毕业论文。未来几年，我计划攻读博士学位，研究方向为语文课程与教学论。

回顾走过的职业道路，常觉得错过了许多机遇。但我深知，出发得晚总要胜过踟蹰不前。作为教师、教育学人，找到教育的真理，安妥灵魂，这——是我今生今世的证据。

（工作单位：安徽省天长市实验中学）

只为朝向更广阔的自由

郭筠筠

时光荏苒，一眨眼，做小学语文老师兼班主任已 30 年。说来惭愧，2019 年之前，我从未反思过作为一名教师的意义，只是凭着模糊的职业道德和经验，老牛拉车般埋头耕耘。从教 30 年，我从湖北一个小县城学校到了广东省深圳市一所优质民办学校。我的职业发展以 2018 年进入"新网师"为分水岭，之前是漫长的浪漫期，之后进入职业发展的精确期，乃至于朝向职业发展的综合期。

一、漫长的浪漫期——酸甜苦辣

我并不期待人生可以一直过得很顺利，但我希望碰到人生难关的时候，自己可以是它的对手。

——加缪

（一）因阅读而成长

20 世纪 70 年代初，我出生于湖北省襄阳市的一个小镇，父亲是教师，母亲是渔民。小时候，父亲在离家 20 多里路的小学工作，母亲带着我和妹妹生活在汉江边，以打渔为生。我上小学的时候，父亲调动到小镇教管会，分管教育工作，母亲也结束了渔民生活，到学校做后勤工作。

那时候，父亲会带一些书回来，《小溪流》是我记忆中最早的作文集。后来，父亲给我订阅了《少年文艺》《儿童文学》。三年级学写作文，微胖的语文老师王德兰有一次朗读了我的一篇《迟迟归还的橡皮》，让我逐渐爱上了语文。四五年级的语文老师是清瘦的徐志亮老师，他活泼的语文教学风格让我们都很喜欢他的课。

上初中之后，班主任鼓励我们写日记，从那时起，我养成了写日记的习惯，一直写写画画到现在。20 世纪 80 年代末，教师的工资中有一部分是必须用来订阅杂志的，父亲把这个权利给了我，我给自己订了《啄木鸟》《小说月报》，给我母亲订了《大众电影》《故事会》，当然还有我父亲必读的《半月谈》。

1988 年我上了师范，可以借阅更多图书，可惜每周一次的开放日只能借两本。有段时间，我们班大部分同学疯狂爱上了席慕蓉的诗集，书店里没有她的诗集，我们合伙到出版社订购了《七里香》，里面的诗篇基本都会背诵，初读《一棵开花的树》只觉得优美，在我到了南方之后，发现真有大朵大朵的花是开在树上的；我花费 12.3 元 "巨资" 买了一套《红楼梦》，拿着散发着书香的一套三本书，感觉自己是世界上最富有的人。以后，每当自己买了好书，这样的感觉会再次出现。

1991 年，我中师毕业被分配到县实验小学，可以更自由地买喜欢的书，我喜欢的基本是表现女性独立自主、自尊自强的书，比如《简·爱》《乱世佳人》，斯嘉丽在历经磨难还失去爱人瑞德之后充满信心地想，第二天又将是个新的日子的画面一直很深刻地印在我的头脑里。我尤其喜欢女性作家，三毛被印在明信片上的一段话，我倒背如流："我从来不觉得自己是芸芸众生里的一分子，我常常要跑出一般人生活着的轨道，做出解释不出原因的事情来。"在一个小书店里，我淘到一套《张爱玲文集》，一看就爱不释手，成为我很长一段时间的精神食粮。90 年代末，在书店看到毕淑敏关于高原阿里的书也成了我那时的挚爱。

不仅是女作家，女歌手也是我的热爱。师范时学弹琴，每次去琴房必弹《橄榄树》。有一次晚自习后回寝室，走到宿舍楼的转角，听到从老师的单身宿舍里传出齐豫的《橄榄树》划破夜空："不要问我从哪里来 / 我的故乡在远方 / 为什么流浪 / 流浪远方……"我石化般立着听完，泪水不知不觉流了满脸。或许，那时候，一份不安的心、一颗驿动的灵魂就已注定……

爱读书的我业余时间喜欢写些东西，起初发表在县级报纸、刊物上。毕业六年，一篇怀念师范学校刘信平老师的散文发表在《班主任之友》上，让我感觉写作不是一件很困难的事情。后来，不断有散文、杂文发表在一些省级期刊上。教学中，我会关注学生的写作，渐渐地，大家发现我班孩子语文成绩普遍较好。后来，一些老师喜欢把孩子放在我班。毕竟，孩子不为写作文发愁给家长省了不少心。

20世纪90年代，中国城市化进入一个高速发展的阶段，城区小学几乎都是超大班额。我曾带过一班有97人，教室里挨挨挤挤的全是桌椅和小脑袋，一直堵到后门，几乎难以从前排走到后面。除此之外，每天忙着抄教案，一周左右才能批改完90多份作文，这让我患上了职业病——颈椎病。繁琐的工作让大家无暇谈论教育教学，而我若想再在教学上有所突破则尤其困难。90年代末，小城的人们下班之后喜欢打牌、打麻将，而这些都不是我的热爱，爱读书的我逐渐活成了别人眼中的另类。

那时，我的婚姻走到了七年之痒，因缺乏了解走进的婚姻让我和前夫之间渐行渐远。

2000年，小城为了激发各类人才活力，鼓励离岗创业，其他行业率先启动，教师这一行也紧随其后。师范学院的一位书法老师是第一个吃螃蟹的人，他回来之后说着外出打工的精彩，这搅乱了人们的正常生活。很多人羡慕之余羁绊于家庭种种不敢尝试，我似乎看到了外出之后的更多可能性，不愿意至死才觉醒，从来没有真正活过。没有太多犹豫，工作十年之后，我告别了眼前的苟且，破釜沉舟，辞职南下。

2001年那个秋季出发前，我行李箱里装的唯一一本书是影响我至深的苏霍姆林斯基的《给教师的建议》。当然，真正读懂这本书，是在多年之后加入"新网师"这个求真共同体。

（二）因恐惧而奔跑

我最先应聘到汕头一所集幼儿园到高中的大型寄宿制民办学校。每天像个机器人一样从早忙忙碌碌到深夜，感觉这不是我想要的生活。两年后，我辞职到了深圳现在所在的一所民办学校——深圳市百仕达小学。这是一所优质民办学校，可想而知，压力更大。后来，在跟随郝晓东老师读《教学勇气》时方知，这样的压力就是帕克·帕尔默提及的恐惧：恐惧带不好班级，恐惧被家长投诉，恐惧被学校解聘……2001年那年寒假至今依然清晰：那年冬天，我从汕头那所学校返回家乡，整个寒假都在忐忑中度过，我会不会很糟糕？我会不会被学校炒掉？战战兢兢、如履薄冰中，送走五味杂陈的寒假。开学返回学校的途中，火车轨道上深夜里"哐当——哐当——"的响声，将一夜无眠的我带向不可预知的未来……多年以后，当我真正在深圳立足，深夜里火车的哐当声才不再是我的噩梦。

及至两年后到了深圳，这样的恐惧更深切地如影相随。重重恐惧像紧随身后追我拼命奔跑的狼，我像《阿甘正传》中的阿甘一样，一刻不停地奔跑，为生存而战斗。此时，我结束了和前夫的婚姻，在湖北老家不知何为压力的我无法预料，一个单亲妈妈带着8岁的儿子在压力巨大的深圳，会有多么艰难，深圳快节奏的生活就令人眩晕地开始了。

当时，深圳市民办学校如雨后春笋，良莠不齐，很多学校的教师待遇不好。深圳百仕达小学彼时逐渐有了一定的名声，教师待遇远高于其他学校。校长是上海退休的一位雷厉风行的女校长，眼光犀利，作风果断。因为身体原因，她一个月中两星期在深圳，两星期在上海。她来深圳的两周里，全校笼罩着一种噤若寒蝉的氛围，大家甚至不敢在走廊上多说一句话，唯恐被她发现闲聊请去喝茶。晚上8:00之前，她办公室的灯光若不熄灭，没有人敢提前离开。心理承受能力弱的老师陆续走了，剩下的，日后几乎都成了学校骨干。

有一次上兴趣阅读课，校长来听我的课。我们常规课堂使用的是上海版教科书，兴趣阅读课则选上人教版内容。我上的是人教版的《灰雀》，我在汕头的学校上过研修课，自以为上课效果不错。上完课，校长约我到一间空教室谈话，指责我为什么没有写教学设计。兴趣阅读课不备课是公开的秘密，可校长为什么单单拿我开刀？想想历史上那些厉害的人物，都曾被命运一次次地揍倒在地，为什么不会是普普通通的我？咬咬牙就过去了，我除了承认错误，没有多说一句。

之后，因为我说话直接，班级学生成绩平平，多次成为会议上被批评的对象。儿子也因迟迟没有深圳户口读初中，只好转回湖北老家读书。无数个深夜，工作的不顺、对儿子的思念让我毫无征兆地突然间嚎啕大哭。我无人可以依靠，只有双手环抱肩膀，自己拥抱自己，哭得喘不过气。第二天清晨，擦干眼泪，继续若无其事地来到我喜欢却不待见我的学校。离学校好远，就感受到逼人的压力不请自来。说好了，来了都是深圳人，可是深圳啊，你何时才能完全接纳我这样一个异乡人？

自怜的人没有出路。当无人可以依靠时，我唯有依靠自己，长出翅膀，也长出肩膀，自己找方向，自己担责任。我将自我救赎的眼光收回，继续专注于教学，专注于这么多年来对我不离不弃的阅读。也幸好，我还有阅读。也是从那个时候起，我不再在乎外界对我的看法，后来读到美国作家李欧·李奥尼的系列绘本时，我一下子就看到我就是他作品《鳄鱼哥尼流》中的哥尼流，无论周围人怎么看待，认准了的正确的事情就义无反顾地去尝试，就像当初独自一人带着一个行李箱独闯深圳一样，我就是我，哪怕只有微弱的光芒，也要努力地发光。我从阅读中偶然找到解决之道：不可替代性——你要具有别人所没有的专业性，成为某个方面的高手，才能拥有立身之本，才能获得为人师表的尊严。

很长一段时间里，骨子里挣脱不了的恐惧依然不时深深地从每个毛孔散发出来。后来才知道，这样的恐慌不仅我有，是每一个不愿在平凡日子里沉沦的人的共感，真正的勇士敢于直面这样的"本领恐慌"，一次次把自己逼出舒适区，置之死地而后生；一次次打破既有平衡，迈向学习区，不断优化大脑认知结构，方能由经验型走向专业型。在最深的绝望里，我看到了最美的风景。

（三）因挑战而创新

我一直努力寻求课堂改变。2007 年，在网络上读到薛瑞萍老师接地气的文章，明白"静心静气"对一个孩子智力发展的重要性，她带孩子们阅读绘本、朗读儿歌对我的认知是颠覆性的改变，教育生涯自觉向前迈出极为关键的一步。我跟着她扩大课堂学习范围，不再只是将薄薄的一本语文书当作语文学习的全部。2008 年，在家长的支持下，孩子们人手一册《日有所诵》。每天早晨，开启一天学习时光的，是《日有所诵》。我们诵读、欣赏儿歌、童谣，创编儿歌。2009 年学期末，我带的一年级和二年级各一个班级，因引进《日有所诵》的朗读与背诵，因为把《小黑鱼》《小真的长头发》《米莉的帽子变变变》……带给孩子们，与他们共读，养在深海里的鱼儿，想小也小不了，语文学习领域扩展开来，孩子们考试均取得极好的成绩。阅读不仅没有影响孩子们的学习，反而为发展注入了鲜活的营养。

2007 年在"教育在线"看到当时新教育研究中心老师们的教育教学研讨，特别是看到"毛虫与蝴蝶"读写绘实验时，在众多实践教师中，我决定跟着当时也执教一年级的"小舟成群"老师，在班级践行绘本教学，在一个又一个经典绘本中穿梭。2018 年加入"新网师"，"小舟成群"是"听读绘说"的讲师，我毫不犹豫地选择了绘本课程，跟着顾舟群老师继续沉潜于绘本教学中。我最早给全校老师读方素珍翻译的美国芭芭拉·库尼的《花婆婆》，将起初不被众人看好的绘本带到老师们面前；日后，我也成为一位传播阅读的花婆婆，在低段语文创建读写绘课程。

这是一个拔节与蜕变的过程，我真真切切地经历了一份美丽与神奇。我们在语文课堂上读绘本，创编小书，排绘本剧……每次上绘本课，孩子们快活得像过节。受绘本阅读影响，数学老师也将绘本引入课堂，激发孩子们学习数学的兴趣。阅读，让孩子们更加美丽；阅读，让校园更加充满文化气息；阅读，让孩子更加愿意背着书包，走进这样一所小巧、精致而又美丽的校园。

此时，我们的校长换成了从教师成长起来的熊佑平校长，他的包容让我敢于在自己的课堂中大胆尝试，灵活创新。2014 年，全校践行阅读课程，我受熊佑平校长邀请，起草了最初的《百仕达小学阅读课程纲要》。因为付出，因为钻研，我在工作中得到了超出预期的奖赏，也越来越被家长、学校认可。当初那些打不死我的，成了身体的一部分，让我变得更加强大。童诗、读写绘丰富了我们的课堂，丰富了孩子们的生命，我由此被熊佑平校长推荐，2011 年成为学校第一位"深圳市优秀教师"，连同着一起到来的，还有为人师表的尊严。

生命有裂缝，阳光才能照进来。当你不问收获只顾耕耘的时候，全世界都开始对你微笑。2011 年，我找到了后半生的人生伴侣，找到了一个聊得来的人。儿子也在大学毕业之后来到深圳，我的人生没有了遗憾。从此之后，我带着我的一班学生，在语文的这片园子里更加畅快地阅读、写作，我体会到了作为一名教师的成就与快乐。

二、发展的精确期——如饥似渴

暴风雨结束后，你不会记得自己是怎样活下来的，你甚至不确定暴风雨真的结束了。但有一件事是确定的：当你穿过了暴风雨，你早已不再是原来那个人。

——村上春树

厄运吹熄不了生命之火，却可以将希望之火吹得更旺。黑夜给了我哭泣的眼睛，也给了我思考的契机。教师这个职业不像医生那样，越老越吃香。一名教师如果不学习，很快就会被时代淘汰。并且如果不持续学习，一名新教师熬成老教师，教育教学能力没有多少提升也是常态。在百仕达小学工作十多年之后，逐渐成长为一名成熟教师，我问自己：我对目前的自己满意吗？这是我追求的顶点吗？骨子里的不安分，让我一直都在不断地折腾。从教近 30 年，感觉自己一直在钻研，但也只是在尺寸间打转，也只是一名凭着丰富的经验工作的教师，内心里有着无以言说的缺乏理论根基的苦闷。

2018 年，我误打误撞中加入"新网师"。其中的三年，准确地说，2020

年这一年，是我进入专业发展的快速期，同时，深深的痛苦也随之而来。

（一）遭遇打击

2018 年 9 月，我通过李镇西老师的公众号得知"新网师"招聘热爱学习、渴求专业发展的教师继续学习，后来我幸运地成为一名"新网师"学员。我选修过两门擅长并正在实践的课程，不错的成绩让我继续混在舒适区。不得已重选新课时，选择了郝晓东老师讲的《静悄悄的革命》。

我感受到郝晓东老师课程知识丰富而博大，但因没有经过专业阅读训练，更倾向于按照自己已经形成的观念、好恶去接收和过滤信息，没有好好预习，课堂上跟不上老师的节奏，期末只得了合格的成绩。特别是看到郝晓东老师发布的几篇"改改，就可以当论文发表"的期末大作业，我看到自己和优秀学员的差距，那些作业于我就是巍峨的珠穆朗玛峰。

学习给我带来痛苦，是在痛苦中赢得一切，还是在逃避痛苦中麻木？是用同化的方式继续待在舒适区里得过且过，还是用顺应的方式打破旧有图式、建立新知？内心里有种声音，指导我没有丝毫犹豫地做出该有的选择。

（二）艰难前行

当我写下 2020 年学习计划，正巧读到郝晓东老师朋友圈的两段文字，坚定了我必须如此的决心，并写下了一年的阅读、写作纲领。郝晓东老师说真正的学习，当需选定一位学术高人，将其书籍、文章全部读完，同时学习其学习方法及生活方式，扎下根基，方能一通百通。

我删除无关公众号，减少刷微博的时间，聚焦郝晓东老师的公号文章、书籍和主讲课程，开启追"星"之旅。2019 年冬天，一场席卷全国的疫情将我们出行之途阻隔，我正好预习《人是如何学习的》一书。

对于一个只会如蜜蜂般广泛采蜜的人而言，啃读之难立马显现。难度系数为 4 的"静悄悄的革命"课程我尚只得合格，"人是如何学习的"难度系数为 7 的课程，我该如何学习、学会、学通？

世界上最伟大的方法，往往最简单。我采取郝晓东老师提倡的啃读法，埋首书中，点点啃读。往往一章读完，依然不知所云，更难以触及重点。即便如此，我也没有放弃的理由。郝晓东老师的文章是我提升能力的来源，通过分析、对比，找到写作差距：一是语言贫乏，有骨无肉；二是思维不清，深度不够。

2020年2月12日，围绕第一章内容，郝晓东老师布置了第一次预习作业，为期两周。

拿到题目当天，我先画思维导图整体把握，之后作答。从构思，到百度、知网查找资料，到打草稿、完稿，花去两周时间。每天写写改改，在规定时间前一两天提交作业。之后的预习作业，基本都会花两周时间。正是经由反反复复地思考、修改，对郝晓东老师出题之意更为明确：题目间有逻辑联系，需打通书本，结合实践，灵活作答。第一次预习作业，得分80，良好。犹如溺水的人紧抓救命稻草不放，我紧抓预习、啃读，深浸其中。

3月4号晚7:00，第一次授课如期而至。郝晓东老师讲了学习的发生与五个因素相关，重点对比行为主义理论和建构主义理论，阐述学习是怎么发生的。

我获得三条建构主义核心观念，也是学习的三条核心原则，被郝晓东老师在今后授课中反复提及以及我在完成预习作业时不断深刻体悟到：第一，学生的前概念很重要，因为我们没办法教空空如也的大脑；第二，要带着学生在概念框架中学习新知；第三，元认知的方法可以调控我们的学习。

听完课，知识的伟大魅力激荡得我久久不能平复，郝老师的授课博大精深又紧贴大地，无论从哪个内容看去，都能启发人写出一篇篇文章。我老老实实从授课综述阅读起，与教学实践结合，写下5篇课后反思，其中两篇分别获深圳市罗湖区论文评比一等奖、三等奖。之前，教学论文一直是我的短板，读师范时没有学写论文，靠着自己摸索更是摸门不着。现在，在专业老师的专业指导下，我逐渐学会论文的标准写法，引文、插入注脚等都完整呈现。

（三）破茧重生

每两周1次2小时的授课时间，成为我迫切期待的学习。那段时间，我生活的全部内涵都是学习。8:00吃完早餐后，我就坐在桌前啃读到中午。下午

2:00，继续坐在桌前，所花时间远超当初计划的每天阅读 1 小时。

第一次听课后，啃读越来越有感觉，越来越喜欢当初这本完全啃不动的书。正因全身心浸润，第二次预习作业竟获 90 分，被安排分享，还被推荐至"新网师"公众号发表。

听完第二次关于"表征"的授课，我沉浸于全新概念中，借助思维导图理解，足足画了 4 个小时才梳理完毕。近中午 12：00，起身的一刹那，内心的满足无以言表，我深深体会到"知识的伟大魅力"。

郝晓东老师说，真正的自己，只有在遭遇和危机中才能成立。曾经的遭遇让我暂时困顿之后，迅速调整自我，找到解决之道；而额外的奖励只是其一，更重要的是我品尝到知识上获得的成就感。体会到啃读的精妙，就再也不愿回到当初的囫囵吞枣，浑浑噩噩。

（四）勇敢承担

收获源于导师的无私分享，当组长周娟老师招募课程综述人员时，回馈便成了自然，我报名第四次授课综述，整理出 21 页 20127 个字的讲义。因反复阅读，我对这次授课内容有了更深刻的理解。之后，连续报名 6 月、7 月小打卡点评员，顺利完成一学期学习。学期 9 次作业，4 次获得 90 分，期末被评为"榜样学员"。"新网师"元语言"承担任务是最好的成长"再次得到充分诠释。

《人是如何学习的》落下帷幕，何尝不是新学习的开启。经由这本书的穿越，阅读逐渐走向精确。这本书也成为我专业发展中最重要的一本书，课堂教学中我开始有意识地关注学生的前概念，开始引导识字教学中整体识记的意义性体现，用"生字开花"的方式记忆一串生字，在理论与实践的结合中，大脑结构在不知不觉中得以修正、完善。

（五）继续前行

2020 年下学期，课程发生重大改革，由以往选修制变为通识课程，按照学习发生的规律，打通教育学、心理学、阅读、写作，打造出一份相互联结、相互作用的"全息学习地图"：基于知性阅读—教育三节奏—遭遇与危机—人格的形成—教育学循环论—学习的三原则—对话与思维—静悄悄的革命—教学的勇气—构筑理想课堂—专业化书写。

再次接到周娟老师的邀请，和她共同负责2018级学友的学习。我诚惶诚恐：下学期，面对摇号入学的全新一年级，将面临诸多问题；全新的学习课程，已近知天命的年龄，我有精力吗？我有能力吗？可是，不试一把，又怎知极限在哪里？

2020年下学期，我承担2018级及之前学友小打卡点评员招募、分工；每周优秀打卡员名单统计，负责7次预习作业下载安排、批阅、分数统计。工作与学习并进，忙碌与充实相伴。回旋在脑海里的，是郝晓东老师关于"新网师"文化的三层界定：合格，完成任务，不出漏洞；优秀，出色完成任务；卓越，完成的任务是艺术品。优秀是基础，卓越是我的追寻目标。

（六）收获丰富

这一年，我读郝晓东老师的公号文章、两本著作，画49张思维导图，写公众号文章58篇，连同作业写作近30万字，完成年初制订的计划；

这一年，学期末我被评为"榜样学员"，生命叙事征文获得二等奖；

这一年，我才真正进入专业阅读和专业写作，由一名经验型教师向专业型教师迈进，职业发展由浪漫期进入精确期。

正如泰戈尔所说："只有经历过地狱般的磨砺，才能练就创造天堂的力量；只有流过血的手指，才能弹出世间的绝响。"

三、职业的综合期——向阳而行

> 我，曾历经沧海桑田
>
> 戴着别人的面具
>
> 不断迷失，失去我自己
>
> ……

如今，我终于变回我自己！

——萨敦

（一）学有所得

经历了职业发展漫长的浪漫期，进入"新网师"经由郝晓东老师的点拨，我才能迅速进入职业发展的精确期，才有能力继续向精确期的纵深处发展，才能借助所学帮助解决工作实践中遇到的难题。

在"新网师"，跟随一群真正热爱阅读、会阅读的人，我才如鱼儿游进大海，看到波澜壮阔的美景。与一群人在一起共读共写共生活，专业得以提升。做事情不再仅凭经验，而是会不断追问：我还有哪些问题没有弄明白？我这么做的依据是什么？还有没有更好的方式？

深度学习始于郝晓东老师主讲的课程，《人是如何学习的》开启了我阅读史上最重要的学习，带我进入认知心理学领域，书中关于学习的三条基本原则及学习环境的四个中心，对我教学实际有着根基牢固的支撑。《教育的目的》让我反省自己阅读中的浪漫—精确—综合，以及学生阅读、学习中的三阶段，大到整个阅读期，小到一节课。《给教师的建议》让我收获了"读写自动化""智力发展"，让我的课堂不只关注当下，而需为孩子们长长的一生做好积淀，培养终生喜欢阅读的孩子。

根本书籍的知性阅读得到巩固并且有所提升，是在 2020 年暑期由王小龙老师带领我们啃读魏智渊老师的《教师阅读地图》时。那个暑期，我读《孩子们，你们好！》，为接下来将要带的一年级注入新鲜的营养；在《0—8 岁儿童纪律教育》中，思考如何从道德层面发展孩子们的纪律认知。

底层逻辑的追求与探寻，始于郝晓东老师课堂上经常出现的魏智渊老师。有幸进入魏老师组织的"老魏的咖啡馆"，再次寻求"人是如何学习的"，切实将学习的三条核心原则扎根于课堂；走进皮亚杰，进一步思考智力和心理学的关系。同化、顺应、平衡等相关概念，又与郝晓东老师课堂上的讲解相互印证。

我为发掘出知识的魅力而欣喜若狂，在无数个夜晚带着满足感入梦。这一切的获得竟然是在我近天命的年龄。从此之后，不惧年龄，不怕老去，"除非梦想取代了悔恨"。

（二）再遇贵人

幸运的是，2020 年 11 月底，我在深圳见到了魏智渊老师，才体会到歌迷为什么要参加现场演唱会。近距离跟魏智渊老师讨教识字、阅读教学的感受完全不同于网络上读魏智渊老师的文章，并且在郝晓东老师和魏智渊老师每日思考的启迪下，我开始写"每日早安"。

经由魏智渊老师，我认识了马玲老师，这是我 2007 年在班级尝试读写绘的鼻祖。马玲老师的《孩子的早期阅读课》我 2020 年才得以读到，但书中场景皆非常熟悉。2021 年 4 月底，我加入了马玲老师组织的"李欧·李奥尼高级研修班"。研修中，我被马玲老师解读文本的能力折服，被她绘声绘色朗读绘本的声音倾倒，在学习了她示例的三个绘本课例之后，我尝试设计李欧·李奥尼的其他绘本，备课中逐渐认识到我们目前绘本教学中存在的问题。我们的绘本课有些像语文课，有着属于语文课的相关思考题；我们的绘本课缺少课堂上对于绘本的近距离接触，比如课后而不是在课堂上对绘本的朗读。

带着这样的视野再来看我们平常的绘本教学，就会发现我们的绘本课堂上关于绘本内容的分析也好，主题探讨也好，因为缺少老师生命与学生生命的联系，理性稍多而感性不足；我们的写绘作业单一，学生缺少自主选择的成就感。幸运的是，因为网络使我们与大师相遇，就有了改变自我认识而改变课堂的可能性。这样的视野让我重新看待我们的课堂时，就拥有了一种不同寻常的眼光。

（三）照亮生命

2021 年 5 月，"新网师"在郑州举行"啃读经典·照亮生命"的深度啃读经典活动。作为在"新网师"中受惠颇多的我，得到郝晓东老师的专业开启，得到过很多学友的帮助，于是在熊佑平校长的极力支持下，我第一时间报名参加，买好往返机票，并且细数相聚的日子。

5月2日至4日三天，必将成为我生命中极深极重的痕迹。这三天，我和自发来自祖国四面八方的110多名"新网师"讲师、义工、优秀年度叙事作者、"新网师"附属学校及郑州中学第三附属小学的部分老师，相聚郑州中学第三附属小学，在郝晓东老师的专业指导下，在郑州中学第三附属小学李末校长领导的义工团队大力支持下，回到精神家园，每天八个小时围绕一书，围坐一室，朴素而浓重，宁静而悠远地啃读《教学勇气》。朗读、聆听、沉思、质疑、探寻……帕克·帕尔默的思想通过他的文字和在座的每一个生命不断地共鸣、编织。我不由得想起苏格拉底和柏拉图，想起我们的先祖孔子带着学生"暮春者，春服既成，冠者五六人，童子六七人，浴乎沂，风乎舞雩，咏而归"。

共读再次照亮我的生命。理论是灰色的，远不如在教育生活中开出一朵花。三天的共读结束了，教室里的实践则刚刚开启。回到校园，带着共读汲取的营养，在智静、冯美娣等老师的先前带领下，我们成立了班级家长"大小大"读书会，我期待大手牵小手，共同编织教师、家长和孩子们的生命，将教育和我们的生活相融合，过一种幸福完整的教育生活。

在郑州，再次见到魏智渊老师，并且得到他赠予的新书《高手教师》。返回深圳的飞机上，我用刚刚学会的梳理结构的方式读了代序《何谓"新教师"》，而不仅仅是像先前那样只是读懂书中写了什么。我拥有了更高一层的阅读启示，让我得以更完整、更全面地读懂一篇文章或一本书。我忽然发现，我在克服了第一次坐飞机的恐惧之后，竟然很喜欢飞机在向上攀升脱离地面那一刻的飞离。我闭上眼睛，随着飞机迅速上升的同时在心里呐喊：我要飞得更高！

而我相信，这一切都是有因有果的相互联系。

如果不是进入"新网师"，我则难以学到何为啃读；如果不是选择郝晓东老师的课程，我则难以进入职业发展的精确期，更难以接受诸多高人的指教，拥有迈向职业发展综合期的可能性。

教育是天底下最复杂的职业。而正是因其复杂才有着令人着迷的钻研，才有无数个钻研之后的"哦，原来是这样"的恍然大悟。

有些人，走着走着，就散了；有些人，走着走着，相聚在一起。"朋友圈"因此不断重组，变化。如今，我越来越喜欢经过岁月涤荡之后的朋友圈，所谈皆是教育教学，来往皆是尺码相同的人。

尾　声

"人生百年瞬间过，功名利禄尽云烟。身外之物何须重，勿负吾心心自安。"从教 30 年，跨越千山万水，我越活越清晰，越来越拥有职业发展的自由。此去经年，我会更多思考：如何为拥有幸福而教育，为尊严而教育，为意义而教育？历经岁月坎坷，我会继续逆风飞翔，向阳而行。

（工作单位：广东省深圳市罗湖区百仕达小学）

正青春

冯春柳

　　青春，意味着美好，意味着奋斗。在每个人的字典里，对于青春都有着不一样的定义。每一个奋斗的人都在书写着不一样的青春，青春对于每个人都意义非凡。2024 年恰好是我大学毕业 25 周年，我想书写一下我的职业青春。

　　25 年的职业生涯，我脚踏实地，一步一个脚印，从东莞市高中思政课的教学能手到学科带头人，再到名师工作室主持人，每一步都是那么的笃定与坚实。究其原因，全归因于"三课三专三境界"的路径给我带来了职业的青春期。

一、三课融合

　　青春啊，永远是美好的，可是真正的青春，只属于这些永远力争上游的人，永远忘我劳动的人，永远谦虚的人！

——雷锋

　　有人认为，青春是与七个自己相遇，一个明媚，一个忧伤，一个华丽，一个冒险，一个倔强，一个柔软，一个正在成长。巴尔扎克曾指出："只有一条路不能选择——那就是放弃的路；只有一条路不能拒绝——那就是成长的路。"课堂、课题、课程"三课融合是我作为教师专业成长的不能拒绝之路，也是每位教师成长的必经之路。

（一）我的课堂

先从 15 年前一节失败的课说起。2010 年的某一天，是我入职十年以来第一次参加市级的公开课比赛。这是一节同课异构比赛，当时市里确定的主题是必修 1《经济生活》第六课"投资理财的选择"。初赛是 10 分钟的说课，我上完之后自我感觉挺好的。周围的同行们也赞不绝口。我清楚地记得当时东莞中学松山湖学校的潘房雄老师对我说："不愧是大师姐，上得不错哦！"东莞市第六中学的谭海萍老师也说："听完这一组所有选手的说课，春柳老师的说课是最好的，应该会得第一名吧。"陪我同去的本校古鸽萍老师、揭贤英老师也都说："不错！不错！应该是你们这一组中表现最好的。"

可是，最终结果公布——我是本组的第二名，89.5 分，与第一名相差 0.5 分（第一名是东莞市高级中学的柳军魁，后来代表我市参加省里比赛获得省一等奖）。后来我虚心请教评委："我与第一名的差距在哪里呢？为什么会在众人都叫好的情况下落选？"评委给我的答复是："课比较传统，没有体现学科前沿理念与新课改精神。"当头棒喝，却令我有醍醐灌顶之感。自此，我走上了教研的不归路，并暗暗发誓：学科前沿理念，新课改精神，不拿下，誓不罢休！

从此以后，十年间，每一次的省级比赛，我都争取去听课，佛山、顺德、广州、肇庆、深圳、珠海等地都留下了我的足迹。虽然饱尝了差旅之苦，却让我在观课、议课、悟课的过程中日渐成长起来。虽然十年时间久远，却令我印象深刻，因为这次的失败经历让我时刻警醒自己——教无止境。我也因此对课堂心存敬畏，"课比天大""把课上好是最崇高的师德"便成为我职业生涯的座右铭。我也在对课堂的研究中探索出了一套适合自己发展的"研课"模式。

2019 年，我利用研课闭环"观课—议课—悟课—模课—备课—磨课—品课—秀课—改课—成课—晒课—常课"辅导我校汤逸山老师参加广东省第二届青年教师教学能力大赛,最终荣获广东省一等奖。

现在想来,我很感谢这节课。没有这节失败的课,就不会造就今天的我,就不会激发我开展教育教学的研究,我可能也不会真正地喜欢上教育教学研究。

失败是成长的契机,不是吗?

十年的积累,十年的摸爬滚打,我终于凝练了自己的教学风格。这些都可以在 2020 年我的市级、省级、国家级的公开课中体现出来。

最为值得一提的课是 2020 年 12 月 17 日的那节。我校品牌学校开放日,我在高三(4)班开了市级公开课《试题之美》。一开始试讲时,科组老师纷纷提议:"高三的课搞好应试就好,不用讲那么多理论,不用有那么多活动……"我不禁陷入了沉思:果真如此吗?高三就可以"目中无人",把应试作为高三的一切?说好的"立德树人"呢!……这时,帕克·帕尔默的《教学勇气》给了我教学勇气与教学自信:"教师要有教学的自我认同和自我完善。"我要设计一节立体的、有层次感的、多重线索交织的"走心"思政课。以伟大事物为中心,打造求真共同体,充分发掘知识的魅力,引领学生达到知识与生活、知识与生命的共鸣。

于是,我坚持了自己的初衷:教育的最终目的是立德树人,培养人格健全的合格的社会主义建设者与接班人,而教育的最高境界是追求美,美就是真,就是善,培养学生拥有美的心灵。苏格拉底说过:"教育不是灌输,而是点燃心灵的火焰。"马克思也说:"教育绝非单纯的文化传递,教育之为教育,正是在于它是一种人格心灵的唤醒。"因此,从一定意义上说,教育的核心所在就是唤醒。唤醒什么?唤醒学生对科学知识的渴望,唤醒学生对真善美的追求,唤醒学生对自己生命的感悟。

我的公开课《试题之美》给 50 多名前来听课的东莞市各位高中思政同仁带来了全新的感受,引领一种试卷讲评课的新思潮,也给大家带来了高考题研究的全新视角,好评如潮。

（二）我的课题

2007 年至 2010 年，我重回大学校园，利用寒暑假去华南师范大学研读教育硕士研究生。这期间，师从当时还在华南师范大学教育学院的刘良华教授（现在华东师范大学）学习了教育叙事。初识教育叙事便被它深深吸引，便也断断续续地浅层次地叙说自己的教育叙事。

首次教育叙事的研究便从 2010 年开始主持申报我的第一个市级课题"乡镇中学高中思想政治课合作学习有效性的研究"（2011GH797）开始。该课题源于我在观课、议课过程中的疑问：是否把学生的座位变成圆圈式就是合作学习了？怎样才是真正的合作学习？合作学习如何才更有效？也受启发于当时教育界开展了新一轮的新课改：倡导自主合作探究的学习方式。于是，我便在工作中研究，在研究中工作，以难题为课题，以问题为课题，在学中做，在做中学。因为我始终相信，做得精彩才能写得精彩！慢慢地，在课题研究的带动下，我的课堂也发生了静悄悄的革命。不再一言堂、满堂灌，自主、合作、探究，成为我课堂的关键词。"生本、生活、生命、生成、生动、生态"成为我课堂的常态……三年后，该课题的研究成果获得东莞市普教系统教学成果二等奖。

2018 年我主持申报了广东省的"十三五"规划课题"核心素养视域下高中思政课教师专业素养发展的路径研究"（2018YQJK230）。三年的研究，我探索了教师专业发展的四条重要途径：

一是在课堂中淬炼：以课为媒，淬炼本领——打磨自己；二是在阅读中修炼：啃读经典，修炼专业——发现自己；三是在写作中凝练：笔耕不辍，凝练风格——成为自己；四是在对话中历练：漫谈成长，历练对话——超越自己。我按照这四条路径自己培养自己，也以这四条路径引领本科组乃至本市、本省的高中思政课教师的发展。

后来出版了个人专著《新时代思政课教师的修炼》；本课题的阶段性成果也取得了广东省教育教学创新成果的三等奖；在全国中文核心期刊《中学政治教学参考》发表了两篇专业论文。

我在课题研究中最大的心得体会是：把难题当成课题，把问题当成课题；在工作中研究，在研究中工作；以课题研究带动课堂改革，做得好才能写得好。

（三）我的课程

对校本课程的研究，我于 2018 年才真正开始。

2018 年，我研究了两位课程论大师泰勒与多尔的相关著作，同时也受王开东老师《中学语文电影课》的影响，再加上我对汤逸山老师的省级课题关于财经素养的研究，我做主编，带领科组的小伙伴们一起编写了《影视作品中的财经素养》，并在高一年级第一学期开设相关的校本课程，既可以观看电影，又可以学习财经知识，深受学生的欢迎，甚至有学生在高三还在询问：老师，还有影视财经的课吗？

2019 年，我、叶文达和袁建成老师一起参加了东莞市第一届未来课程大赛。我们把未来与财经素养结合起来研究，再结合我校的"模拟市场""对话莞商""模拟公司""模拟招聘""职业体验"等活动，以 STEM 项目学习的方式编写了《未来·财经》。每课包括四个部分：影视财经、品读财经、体验财经、畅想财经。另外，《未来·财经》最终在强手如林的未来课程大赛中脱颖而出，荣获第六名，获得市二等奖（一等奖只有两名）。《未来·财经》校本教材也深受省财经素养专家许世红老师的认可与好评。

2020 年，我以导师的身份辅导老师和同学们参加东莞市第二届未来课程大赛。我特意研究了劳动教育，原来是想把劳动教育与思想政治课跨学科融合起来研究，可是一直没有行动，其实这是一个很好的研究方向。在国家教育部倡导的德智体美劳"五育"并举与融合的顶层设计下，思政课与劳动教育的融合将大有可为。这一年我指导学生完成了校本教材《新时代高中劳动创意课程》的编写，目的是为了提高学生的研究性学习能力、创新能力与动手实践能力。

我认为，校本课程不能只是停留在开发研究上，应该真正地在学校开展实施，才能惠及学生，真正地培养学生的核心素养。

二、"三专"模式

> 白日不到处，青春恰自来。
>
> 苔花如米小，亦学牡丹开。
>
> ——袁枚《苔》

2020 年，为了防止自己职业生涯停滞不前，我把自己彻底清零，保持空杯状态，选择加入教师专业成长的天堂——"新网师"，向内求自身的发展。正如王阳明所说：越是艰难处，越是修心时。拥有一颗强大的内心，便能无往而不胜。新教育实验认为，教师特别是新教师成长有"吉祥三宝"：一是以阅读为基础的"专业引领"模式，就是站在大师的肩膀上前行；二是以写作为基础的"研究反思"模式，就是站在自己的肩膀上攀升；三是以同伴互助为基础的"教育生态"模式，就是站在集体的肩膀上飞翔。这也是新教育共同体所提炼的"三专"模式，即通过专业阅读、专业写作、专业交往来自我培训，形成教师专业成长的内生动力。"三专"模式在这一年中被我发挥得淋漓尽致。

（一）专业阅读

一年下来，我开展了疯狂的专业阅读。可以说我前面 43 年阅读的教育教学类、心理学类的书籍加起来都不如我 2020 年加入"新网师"后阅读的多（可见之前自己阅读的贫瘠，并且很少涉及经典，即根本性书籍，更别说啃读了）。

在加入"新网师"之前我最大的爱好是看小说、追剧、打球、逛街……加入"新网师"之后我最大的爱好是读经典、研经典、用经典。以前看不懂、看不进去的《教育的目的》《孩子们，你们好！》《给教师的建议》《教学勇气》《静悄悄的革命》《儿童的人格教育》《儿童教育心理学》《教育人类学》《教师花传书》等成为我的新宠。

车上、办公桌上、梳妆台上甚至饭桌上，这些书都随处可见；外出郊游时、哄二宝睡觉时、出去聚餐时、坐高铁时，这些书无时不有。真是处处是学习之地，时时是学习之机！仅仅就在这一年，我购买的教育学、心理学、哲学类的书籍多达 200 本。特别是 2020 年 8 月接到"新网师"执行主任郝晓东老师交给的《人是如何学习的》授课任务后，我一直都在输入，一直在阅读，以丰富自己的新浪漫期。三个月以来，每天我至少抽出 3 小时啃读相关的书，能找到的关于学习科学的书我都买了，也充分体验了博尔赫斯曾说的："如果有天堂，天堂应该是图书馆的模样。"

此身、此时、此地，我觉得我就生活在天堂里！简单、纯粹、丰盈。

（二）专业写作

未经表达的阅读是肤浅的。在加入"新网师"之前，专业写作对于我来说很难，很多时候不知道要写什么，更加没有相应的理论支撑，所写的东西略显苍白无力。加入"新网师"之后，李镇西老师的"四个不停"——不停地实践，不停地思考，不停地阅读，不停地写作，还有他的金句"难题就是课题"，"做得精彩才能写得精彩"，促使我每天实践着、写作着……

我的"教育写作"课程获得优秀；"人是如何学习的"课程的 8 次作业，5 次优秀，都是 90 分。两门课程的打卡加作业的文章字数多达 20 万字，为自己研究"教师的专业发展"积累了珍贵的素材与宝贵的经验。最为艰难的专业写作是修改、凝练和统整自己 2019 年下半年与 2020 年上半年的教育叙事日记。按照编辑的要求，要把 29 万字的日记删改为 16 万字左右，每一篇、每一句、每个词都是自己汗水的结晶，虽有不舍，但是为了契合主题，形成逻辑体系，唯有做减法，忍痛割爱。最后由东北师范大学出版社出版个人专著《新时代思政课教师的修炼》。该书是我的省级课题的阶段性成果，以教育叙事的方式记录了自己于 2019 年辅导汤逸山老师参加省赛的过程；提出了教师专业成长的四个重要途径；研究了一节好课的标准；表达了自己追求卓越而幸福的教育人生。

（三）专业交往

最令我感激与难忘的专业交往是郝晓东老师在学习科学研究方面对我的栽

培。为了传承"新网师"提出的"承担任务是最好的成长"精神，2020 年 8 月 2 日下午，受"新网师"执行主任郝晓东老师的重托，我承担了"人是如何学习的"这门课程的授课工作。

第一次授课结束后，郝晓东老师这样评价："整体挺好，首次能讲成这样，很不错了。前概念、前拥理解、日常概念、科学概念、元认知等，这些概念要讲透彻，除了理解概念内涵、定义，更需要与自己的课堂教学结合来分析。把理论转化为解剖课堂教学的工具，理论就鲜活了。""高质量的授课，与日常充分的互动有直接关系。相关讲师在授课期间，请每日浏览钉钉群，关注并回答学员的提问。学员提问，也能对授课有启发。如果能发起讨论，就更好了。这样才是真正的学习共同体。""讲师要从'是否教完了学习内容'向是否'帮助学习者学会了学习内容'转变。""促进学员学习的过程，与自我提升的过程是一体的。""讲理论，贵在融会于实践层面，否则就是纸上谈兵。讲经验，贵在抽象到理论高度，否则无法有效迁移。"……

能得到郝晓东老师的指点，我三生有幸！对于我来说，郝晓东老师就是我的高人，相当于"仙人指路"。但是我也深深明白，"仙人指路"不如"自己去悟"。梳理存在的问题，自己就有了研究的方向：将学习的理论与教学实践相结合，寻找相关的教学课例，接地气地深入中小学课堂，将理论与实践深度融合，更好地指导老师们学习。

一周下来，我至少下载研究了 30 篇相关的论文、课件，啃读了布鲁姆目标分类学、钟启泉教授的课堂研究三部曲……除了吃饭、睡觉、上班（家务事是全盘交给保姆承担），几乎所有的时间都用在研究"学习科学"上（甚至连陪伴二宝在小区玩耍或者到野外野餐、踏青我也会带上一本书）……

第二次授课结束后，郝晓东老师给了我及时的鼓励与肯定："今晚讲得非常精彩，聚焦核心概念，深挖阐述，相互联系。"这给我注入了自信的强音，原来全力以赴，我也是可以引领学员们稳步前行的。感谢郝晓东老师的一路引领！这也使我深刻地体会到：以教促学，费曼学习原理是最好的学习方法，教是最好的学。

在"新网师"的学习，听课、打卡、作业，专业阅读、专业写作和专业交往，无不滋养着我的精神成长，感谢讲师和义工们的辛勤无偿付出，无以为报，唯有更快、更好地成长！

三、三重境界

啊，青春！青春！或许你美妙的全部奥秘不在于能够做出一切，而在于希望做出一切。

——屠格涅夫

从小，爸爸便在我耳边灌输："女孩子当老师好，有寒暑假……你以后要做个好老师。"于是，我便从小立志要当个好老师！

何为好老师？

我认为好老师的专业发展有三重境界：见自己、见天地、见众生。能见到众生的就是最好的老师，这就是当老师的最高境界。

"见自己、见天地、见众生"的出处是王家卫的电影《一代宗师》。"见自己"是指了解自己内心的欲望，自己的能力强弱，实现自己的价值。"见天地"是指了解外面的世界、世界的运行发展，明白如何在世界立身。"见众生"则指实现自我的价值之后，开阔格局，努力改变苍生的命运。

我力求按照这三种境界来要求和发展自己。

（一）第一重境界：见自己

第一重境界：见自己，即教师要有自己的教学自信力和教学勇气，建立起自己的教学人生，形成自己的教学风格。

好的教师要有自信力和教学勇气，要树立教学人生的目标，建设自己的教学人生。帕克·帕尔默在《教学勇气》中说："认识学生和学科主要依赖于关于自我的认识。当不了解自我时，我就不了解我的学生们是谁。当我还不了解自我时，我也不能够懂得我教的学科——不能够出神入化地在深层的、个人意义上吃透学科。方法固然重要，然而，无论我们做什么，最能获得实践效果的东西是，在操作中去洞悉我们内心发生的事，越熟悉我们的内心领域，我们的教学就越稳健，我们的生活就越踏实。"

那么，这种自信力从何而来？教学的自信力来自教师深厚的学养。一个有胆识的好教师必然是好学深思的，能够身体力行的。我也争取在好学、深思、力行中见自己。25 年的职业生涯中，我逐渐"见自己"：我主张"六生"课堂——"生本、生活、生命、生成、生动、生态"；认为一节好课应是教有底气、学有灵气、课有朝气、考有生气的；提倡教育的最高境界是追求美；一位最美的学习者的状态应是"基础好、能力强、素养高、心态稳"；引领学生和小伙伴们共同奔赴在追求卓越而幸福的康庄大道上。

（二）第二重境界：见天地

第二重境界：见天地，即教师在自己的学科领域、教育教学里不仅成就学生、成就自己，还带领自己的团队勇猛精进，洞察、尊重、认识和利用本行业与本学科规律，影响一方，引领一方。

能见天地的教师，眼里已经是"无我"状态。这是我现在一直所追求的教育境界。"捧着一颗心来，不带半根草去""我已无我，不负学生"。

2019 年我在辅导汤逸山老师参加广东省第二届青年教师教学能力大赛时有这样的一段小插曲：

当看到我们制订的备赛计划时，东莞市高中政治教研员陈月强老师说："你这个'魔鬼训练营'，别让汤逸山老师有太大的压力，把他吓坏了……"我跟汤逸山老师说："不要有压力，享受这个过程，通过这场比赛，你能真正地喜欢并享受教育教学研究，我就成功了！"我一直都是在尝试唤醒汤逸山老师的潜能。当时汤逸山老师一直在笑，没有回应我的话。

直至汤逸山老师经历了广东思政抗疫时期"同备一节思政课"的凤凰涅槃，2020 年 4 月 7 日他给了我坚定的回答："当初您说通过比赛让我爱上教研，享受教学，您就成功了。当时感触不深，或许经历不多。现在回头想想，完全印证了那句话，感激，感谢，您成功了，让我享受了职业，享受了生命。"

那一刻，我似乎听到生命拔节的声音，我也在不经意间泪花闪烁：有人理解的感觉真好！在陪伴你成长的路上，我也获得了成长，也学习了许多。让我们继续坚持"四个不停"：不停地实践，不停地思考，不停地阅读，不停地写作。学无止境，教无止境，让我们一起享受教育的美好时光！"汤逸山老师回道："谢谢科头，您是我强大的后盾！"……成长比成功更重要，我做到了，你也做到了！此时的我们是最幸福的，不是吗？享受着追求知识与智慧的快乐与满足，沉醉于心灵与生命的成长，散发生命的光芒……

帕克·帕尔默在《教学勇气》里形容这是一种"繁衍"状态，培养年轻教师，引领团队前行，建造一番天地。

（三）第三重境界：见众生

第三重境界：见众生，即指教师实现自己的价值、团队的价值后，开阔自己的格局，建立和谐、幸福和完整的教育生态，达到"为天地立心，为生民立命，为往圣继绝学，为万世开太平"的境界。

伟大的教育家于漪老师是我的偶像和标杆。

2019年，于漪老师被授予"人民教育家"国家荣誉称号。于漪老师说："我虽是从事基础教育的一线教师，但历史风云、时代召唤、未来憧憬总在胸中激荡，急切地盼望教育能为民族复兴、国富民强提供高素质的人力资源。因而，常不揣浅陋，就教育的某些情况谈看法，说理由，是否正确，要接受实践检验。确实无甚高论，捧出的只是对祖国教育的一颗赤子之心。"

话语中，饱含着一位先行者对教育的无比热忱。如果没有这份对教育的热忱，把教育完全等同于其他行业，日复一日、年复一年，缺少思考，耽于庸常，自缚手脚，恐怕很难成长为一名优秀的教师。

因为这份对教育的热忱，我想像于漪老师一样，把日常繁琐的教书育人工作同人的发展和成长、同国家民族的振兴和富强联系起来。从时代的角度、未来的高度思索、实践、总结、发展，一步步、一点点影响孩子、影响区域、影响教育，终于超越平庸，成为教育界的一代宗师。

不忘初心，方得始终。"高山仰止，景行行止"，虽不能至，心向往之！或许，这正是我职业生涯后20年努力的方向。

此时此刻，东方卫视正在播放《正青春》，泰戈尔的经典励志诗《永恒的青春》在我耳边响起：

当我徘徊于我收藏的珍宝之间时，我觉得自己像条蛀虫，
在黑暗中噬咬着滋生自己的果实。我离开了这座腐烂的监狱。
我不想流连于腐朽的沉寂，因为我要去寻找我永恒的青春；
一切与我生命无关的，一切不似我笑声轻盈的，我都统统抛弃。
我在时光里奔驰穿梭，哦，我的心啊，行吟诗人在你的战车里舞蹈。

我的职业生涯正青春，不是吗？
我正在我的职业青春的战车里舞蹈呢！

（工作单位：广东省东莞市石龙中学）

第三章

躬耕课堂，追寻生命意义

课堂，是教师安身立命的根本阵地，是师生生命在场的证明，是学生学习真实发生的关键所在。"教育的一切，最终只有落在教室里，才会有其存在的意义。"

课堂中的思与诗，师生教与学的互动，让师生生命相互看见，真理也在思与诗中得以涌现。教师深厚的学科素养，教师对学生生命的切实看见，教师正确的儿童观，都在影响着课堂的深度。

躬耕在课堂的田野，是教师教育生命的本真所在。当孩子们的真情在课堂中自然流露，当真与善、爱与美在课堂中植根于孩子们的心中，当孩子们的高阶思维在课堂上得以训练，教师的生命意义也得以体现。

躬耕于教育的田园

郭红梅

花开花谢，月圆月缺。不知不觉间，在教育这片土地上，我已默默耕耘了20多个春秋。回眸过往，时光浓浓淡淡，脚印深深浅浅，几多收获，几许遗憾，在岁月的长河里慢慢沉淀……

逝者如斯，无日无夜。让我们暂缓脚步，任凭飘飞的思绪，追寻搁浅的记忆。

一、步入田园

成为本质意义上的教师是一个漫长的过程，意味着你必须经过漫长的修炼，逐渐汇入由孔子和苏格拉底最先垂范的伟大传统，让他们的精神气质穿越你的灵魂。

——朱永新

（一）我不是师范生

我没有上过师范，却机缘巧合当了老师。20多年前，初中毕业以后上中专或是中师，是许多农村孩子热衷的选择，因为毕业以后国家就给分配工作，自己就有了铁饭碗。

我是一个自小就喜欢学习，特别是喜欢学习语文的孩子。但是，我却从来没有想过自己要当老师。在我的印象中，老师就是每天不停地处理学生纠纷，就得整日滔滔不绝地说话。可能是因为性格内向的缘故，生长于农村的我喜欢安静，喜欢绿色，依恋田园。填报志愿时，我毅然选择了我市的一所农业学校，专业是园林艺术。

"生活就像一盒巧克力，你永远不知道下一颗会是什么味道。"令我意想不到的是，我被这所学校的财务会计专业录取了。当时也不懂什么是专业调剂，加之父亲当了十几年村大队的会计，他倒有一种"子承父业"的庆幸。因此，我便开启了三年漫长的财务会计专业学习之旅。

统计、审计、算盘、计算机……每天面对枯燥的数字和表格，简直没有丝毫乐趣可言。只有在学文史课程时，在阅读时，这种焦躁与煎熬才稍稍缓解，为数不多的文史课成了我中专学习中最大的一抹亮色。

后来了解到自学考试，我不假思索地报考了汉语言文学专业。自此，每天除了上课，我便沉浸在啃读另一专业知识的学习中。因为用心，更因为喜欢，每次考试都特别顺利。许多人考了几次都很难过关的"古代汉语"和"汉语言文学概论"，我都是一次通过，而且分数均在85分以上。在当时自学考试"及格万岁，多一分浪费"的呼声中，我逐渐找到了些许自信，并深刻认识到自己是这样地喜欢并热爱着语文。

中专学习即将毕业之际，不少同学开始联系实习单位，谋划职业前程。有的打算就近去工厂应聘会计，有的打算去发达的大城市闯荡，不过大部分同学选择回到原籍，等待分配。因为我们属于定向委培生，毕业后应该回原籍服从教育部门的统一安排。后来听说我们前一届的毕业生好多被派遣到乡镇计生办，去协助政府搞计划生育。

搞计划生育？不敢想象！对于一个十八九岁的女孩子来说，简直恐怖之至。或许因为不了解而存有一定偏见，但我坚决认定，这比当会计更折磨人，想想都害怕。

我不得不开始重新思考关于自身职业选择的问题。向往田野园林，可是没有专业知识，要从事与此相关的职业，除非回家种田。

对，还有语文！怎样才能不离开语文呢？或许，当一名语文老师是最佳的选择。

心之所向，行之所往。抛开所有顾虑，毕业实习期间，我选择去了离家不远的一所小学当代课老师——语文老师。

我深知自己和专业教师的差距，所以每天都不敢懈怠，向老教师请教，认真备课，读书学习。同时，在毕业以后两年半的时间里，我以门门过关的高效率，顺利拿到了本科毕业证。

其间转了工作关系，我终于成为教育百花园中的一名园丁，可以与孩子们一起，每天与语文打交道了。

（二）做称职的语文老师

通往专业成长的道路，不可能是一帆风顺的。只有在实践中反复试错，才可能慢慢积累经验，完善自我，并逐步成长为一名称职的老师。

记得从教第一年的一天，中心校的领导来我们学校听课，校长指名说："听这位新来的郭老师的课吧！每天从办公室都能听到她讲课，应该是非常优秀的老师。"现在想来，校长所谓的优秀，估计是因为每天都听到我班孩子用标准的普通话读书吧。当时的乡村小学，许多老师仍是用方言教学的。

那时候真是初生牛犊不畏虎，竟然没有半句推辞，也没有丝毫紧张和害怕。记得当时按照教学进度学新课，先领着学生学生字，然后就是读课文。长长的一篇课文，我先逐句教读，再让学生齐读，后面好像是学生自由读，最后又指名读，结果刚叫了两个学生就下课了。现在想想有些可笑，当时倒是彻彻底底地"落实"了语文课堂上以读为主的教学理念。

上完课，领导给了一句语重心长的点评："听了这些年的课了，没有见过这样教语文的，一堂课光让学生读书了。"

当时我含糊其辞，说接下来还有别的安排。其实当时的自己对于阅读教学，根本就没有什么好的方法可言。写写生字，读读背背，一节新课就算教完了。

记得当时歉疚了好一阵子。那段时间一直在思考，语文到底应该怎样教？仔细查阅教学参考书，向有经验的老师请教，私下里听其他老师讲课，认真了解班级每一个孩子的学习特点和性格特点。要求学生背诵的课文，我会自己先背会。指导学生习作前，我会自己先写一篇。有时，我还会把孩子带出校门，去野外观察……

很是幸运，那年带的学生特别优秀，学期末在乡竞赛中取得了不错的成绩。对于一个非师范毕业生来说，这更增强了我当好一名语文老师的信心，同时也更坚定了我对语文老师的选择。

后来我调到了初中教语文。面对新的挑战，我更是全情投入，不遗余力。有一次参加县水平测试，我还取得了全县第一名的好成绩。

年复一年，就这样，在不断的摸索与实践中，我和孩子们一起走过了自己浪漫的职业初期生涯。其间有过欣喜，也有过迷茫，但我从未停止过学习，从未停止对语文教学的热爱与探索。

我时刻提醒自己，我没有上过师范，我做不了最优秀的，但我愿意做最努力的。

二、辛勤耕耘

你需要经过痛苦，经过艰辛的练习。你必须学会向崇高之物俯首，以谦卑的姿态修炼自身。同时，还要学习远离那些轻浮的音符的诱惑，在不断的选择中形成自己。

——朱永新

（一）信息技术助我成长

仔细算来，从教初期的这几年，自己的教学能力虽然有一定程度的提高，但我也逐渐认识到，自己和真正优秀的教师相比，还是相距甚远。

2006 年，我从乡村中学应聘到了一所县城小学。从此，听课、教研，成了常态；阅读、学习，开始重启。慢慢地，我开始反思并完善自己的课堂，向身边的老师学习，从书中寻找方法，眼睛不再只盯着孩子的分数，不再满足于课堂的波澜不惊……我也慢慢从一个懵懵懂懂的非师范毕业生成长为一名骨干教师。

然而，十年前，儿子的出生打破了我原本规律的教学节奏。几个月的假期过后，我发现自己远远地掉队了。猛然间意识到，自己的教育理念以及教学方法技能等方面，都面临着一次空前的危机，一次严峻的考验。

那段时间，信息技术与课程融合的改革如火如荼。从 PPT 课件到电子白板、Flash 动画，从班班通到人人通，从背投电视到移动终端，信息技术革新速度之快令人措手不及。

回到学校以后，我不得不从头开始，如饥似渴地寻求学习机会。求助同事，刻苦练习，最终才得以摆脱危机，迎头赶上。

2013 年，经过学校和县里的选拔，我去天津参加第十一届全国信息技术与课程整合大赛，幸运地取得了一等奖的好成绩。紧接着，我代表学校参加县里班班通应用技能竞赛。这次的比赛更有挑战性，除了在模拟课上展示信息技术的应用，还有关于 Word、Excel 等实践操作题。看当时的情形，只有孤注一掷了。学！下载视频教程、搜索海量试题、向队友请教……

功夫不负有心人，那次比赛我们学校取得了优异的成绩。兴奋之余，我也看到了自身更大的不足。参加这次技能竞赛，我就像考试前临阵磨枪的学生，因为知识储备不足而手忙脚乱。认识到自己学习的被动性之后，我进行了深刻的反思。

后来我们学校进行翻转课堂实验，我们班是实验班之一。回想那段忙碌的日子，做"两单"（课前学习任务单和课中学习活动单），录微课，听讲座，参加 MOOC 学习……累并充实着。那段时间，除了教学经验的积累，我的微课录制、音视频剪辑等能力都得到了锻炼与提升。

那段爬坡的日子，自己紧跟学校的节奏，一路向前，付出了许多，也成长了许多。从市级学术技术带头人到省级骨干教师，从市级名师到省级名师，其间，自己执教并独自剪辑的课例，还获得了"一师一优课"部级优课。

（二）下乡支教的时光

常常怀念六年前下乡支教的时光。那一年，我去闻集乡育红小学支教。第一天开学，我了解到这些孩子大多是留守儿童，他们质朴善良，谦虚懂事，但又敏感脆弱，胆小自卑。他们极不自信的眼神，在我心里泛起了巨大的波澜，强烈的责任感与使命感油然而生。

我试探着与孩子们沟通，想进一步走进他们的内心，但大多时候，他们缄默以对。直到后来我发现，他们喜欢在日记里倾吐心事，我便把鼓励他们写日记、检查日记当作工作要务，并经常在批阅过程中与他们进行文字交流。渐渐地，孩子们与我的话多了起来，学习语文的热情普遍高涨，当然，日记也写得越来越精彩。

同时，我组织多种形式的活动，以调动孩子们主动参与的积极性。教学《珍珠鸟》一课时，我围绕应不应该养鸟的话题，让他们组织辩论赛。学习《渔夫和金鱼的故事》时，我给孩子们排练课本剧。每次孩子们都是兴致盎然，他们自己准备道具，组织排练。很多时候，不得不佩服这些孩子的动手能力和实践操作能力。

那一年，县里举行第一届汉字听写大赛。我班四名选手脱颖而出，在小学高年级组预赛中获得第一名，代表乡里参加决赛。这令全班同学为之振奋，能代表整个学校、整个乡镇去县里参加比赛，他们感到无上光荣。这对于以前教过的孩子可能不算什么，而对于像这样一群多数没走出过村子，没到过一次县城的孩子来说，机会弥足珍贵。

短暂的一年时光匆匆而过，点点滴滴，丝丝缕缕，点亮了孩子们的梦想，写进了我们的记忆。我和孩子们一起，品尝了收获的甜蜜：那一年，孩子们的日记被督导检查组逐一翻阅，交口称赞；那一年，在期末乡统考比赛中，这班孩子以距离第一0.2分的差距取得了全乡第二名；那一年，我被评为市级优秀支教教师……更加令人欣慰的是，那一年，孩子们的笑容最灿烂。

（三）在"国培"送教中磨砺

"千淘万漉虽辛苦，吹尽狂沙始到金。"自从 2020 年加入我县"国培计划"送教下乡项目培训团队，我连续四年参加了送教下乡活动。有一年的送教项目活动中，我们组被分到营盘乡王老家小学，每个月都要深入学校，听课问诊，示范引领，专题讲座……经过两年时间的磨砺，我越来越坚信，做好一件事，不仅仅是能力问题，更重要的是态度。

回想第一年送教下乡，自己准备不充分，把示范课上成了问题诊断课，既没有呈现教学预设的全貌，也没有突破重难点，一节课支离破碎，真的是惭愧之至。那节课后的当晚，我写了《一节失败的语文课》发在了自己的"梅小语"公众号上，认真梳理了这节课的备课思路及课堂状况，深入剖析了这节课失败的原因。文末写道：我会继续修改完善这节课的教学设计，不会让一节失败的语文课止于此……

后来结合当时正在做的一项省级阅读课题，经过修改完善，我再次在我们学校执教了本课，结果总算较为顺利，这才心结稍解。

此后的送教过程中，我时刻提醒自己，一定要严格要求自己，认真完成送教过程中每一个环节，力求精益求精，坚决不能重蹈去年的覆辙。

为了保证听课问诊的实效性，我认真总结每一位执教老师的优缺点，梳理问题诊断报告；为了做示范课，我遍查资料，向同事请教，一次又一次推倒重构教学设计；为了保证微讲座的质量，我反复修改讲座的内容，认真制作每一页课件……并且，我主动承担了我们组送教期间全部的简报撰写任务。

我的努力得到了学员老师们的认可，也得到了领导专家们的赞许和肯定。送教结束以后，项目组又专门录制了我的微讲座《聚焦阅读策略，提升阅读素养》，当时设计并执教的示范课《总也倒不了的老屋》，又在华中师范大学网络研修平台，作为模拟课优秀课例进行直播。

人生没有白走的路，每一步都算数。是的，每一步，都会在我们生命的轨迹上留下印迹。我会一如既往，脚踏实地，用心走好每一步！

（四）面对疫情的考验

"生命如果跟时代崇高的责任联系在一起，你就会感到它永垂不朽。"2020 年，注定是不平凡的一年。受新冠疫情的影响，我们的教学工作也发生了前所未有的改变。开学推迟，但停课不能停学，停课不能停教。为响应学校号召，我在学乐云平台每天布置并检查学生的视频学习与练习作业，微信群整理汇总学生的朗读打卡，间或在钉钉群给学生在线直播，答疑解惑。

其间，我和我们学校的另外三名老师，在教育局与学校的统筹安排下，还一起承担了全县五年级语文学乐云平台资源的上传工作。8 个单元，55 节课，搜索整理素材、录制剪辑视频、筛选上传习题、编排发布课程表……经常在电脑前一坐就是五六个小时。记不清多少次顾不上吃饭，多少次熬夜至凌晨。当时一心想的是，既然承担了这一项艰巨又光荣的任务，一定要在规定时间内高质量完成，绝不能耽误孩子的网课学习。

当时武汉的疫情牵动了每一个国人的心，我觉得，我们做老师的除了教给学生知识，不耽误孩子学习以外，还要善于捕捉教育契机，对孩子进行生命教育与价值观教育。正如朱永新老师所言，生命和教育本来就是一体的。

为此，我先后写了《我能为你做些什么》《保护野生动物，就是保护人类自己》等几篇小文发布在了自己的公众号上。我指导班级孩子学写保护野生动物倡议书、制作抗疫手抄报等活动，激发他们的责任意识，培养他们的担当精神，使之产生对生命的敬畏之心。

后来，我和儿子还一起写了一首《为武汉加油，愿中国平安》的诗，参加了线上朗诵活动。儿子获选，相继参加了县里和市里的比赛，取得了优异的成绩，还领回了奖状和奖品。整个假期中，孩子们情绪稳定，学习也基本上没有受到多大影响。复课时，他们很顺利地完成了过渡与衔接，我很欣慰。

第二年暑假，应学校要求，我和我校的几名老师共同编写了一套抗疫课程，供全校师生开学使用。我负责第二章"中国速度"的编写与课件制作，当班会课上领着孩子们学习到这一篇章时，看着孩子们脸上的光彩，之前所有的辛苦都化作了幸福……

三、朝向光明

你的生命之歌，一定不在万众瞩目的地方，那倒可能是异化或迷失之所。相反，它始终在你的内心深处，需要足够的寂寞和艰辛才能够真正找到。

——朱永新

（一）邂逅"新网师"

"新网师"如同飓风，裹挟着你不得不奋力前行，只有你足够努力，才可以在这个求真共同体中与大家一道携手共进，超越自我。

2019 年，我在同事的推荐下加入"新网师"。真的特别幸运，自从加入这个充满正能量的大家庭，我常常感动于一个个丰盈的生命故事，一颗颗赤诚的教育初心，同时，也认清了自己思想与生命的浅薄与贫瘠。

所以，我很珍惜每次学习的机会，希望通过导师的引领，实现自己专业成长的突破，与孩子过一种幸福完整的教育生活。因为对语文学科情有独钟，所以前两期的学习，我都选择了与语文教学紧密相关的课程。第一期，跟着刘广文老师学习"中小学语文阅读教学设计"，2020 年春季，跟着孙静老师学习"构筑理想课堂·语文"。

这两期课程的学习，让我的语文课堂有了明确的方向，并渐渐明晰了理想课堂的模样。可以说，每一次的研课，就是一次思想的洗礼；每一次的研课，就是一次精进的过程。虽然是网络研课，但每一次学习，都带给我沉甸甸的收获。从每一位导师和义工身上，我总能收获满满的感动。

第一期课程的八次学习与作业，无论多忙，我一次也没有落下。但遗憾的是，有一次作业在截止提交的最后一天晚上才完成，因为在外学习的地方的网络问题，指针划过 0 点的时候，还是没有提交上。当时真有大哭一场的冲动，以至于之后几天都还在纠结于此事。不过还好，那一期作业最终评定等级为"优秀"。

第二期语文研课的七次作业，我有五次优秀，并且那一期有十次打卡被置顶，两次作业在研课直播时被孙静老师当范例表扬，最终成绩等级为"优秀"。记得当时看到自己的成绩，如同上小学考试时得了双百一样兴奋，不禁多次感慨，"新网师"真是魅力无限！

后来，我把每一次的"新网师"作业重新梳理，发布在公众号上保存，同时也便于自己省察。一次，学校分配任务要上示范课，我找到自己"语文研课"时的课程作业——《纳米技术就在我们身边》的教学设计。因为做作业时备课认真，所以基本不用做什么修改，拿来就能用，很是奏效，心里由衷地感激"新网师"。

（二）感恩"新网师"

学习与研究的道路总是充满艰辛却又乐趣无穷，它让人充实，让人永远满怀希望。

语文教学一直在倡导整本书阅读，特别是统编版教材实施以来，更是把整本书阅读课程化、课内化。但是，我们孩子的阅读现状却不容乐观，阅读面窄，阅读量少，且阅读不够深入。面对这样的现状，作为语文老师，我们经常束手无策。

2021年3月，我作为主持人，成功申报了一项整本书阅读的市级课题——"学习中心视角下小学语文整本书导读策略研究"。次年6月，课题圆满结题。

这一年多以来，我们引领孩子们用心阅读经典书籍。一开始，因为没有专业引领与指导，我们对孩子们的阅读指导心有余而力不足。

由衷地感谢"新网师"整本书阅读课程，为课题研究提供了可供参考借鉴的方法策略，专业书籍的阅读更是奠定了课题研究的理论基础。《阅读教学设计的要诀》《女巫一定得死》《神话的力量》等书籍，对于小学阶段不同领域、不同类型的阅读都提供了指导。

随着课题研究的深入，孩子们的读书热情特别高涨，我们带领孩子们一起徜徉在一部又一部经典名著中。认真设计整本书导读与推进课，用心组织读书交流会，看孩子们分享读书心得，真的特别有成就感。对于一名语文老师来说，还有什么比让孩子们真正爱上阅读更令人高兴的事情？

自然，我们也取得了丰硕的成果。不仅积累了孩子们的读写作品和老师们的导读课例，而且我撰写的论文《学习中心视角下小学语文整本书阅读导读策略》在《中小学教育》上发表。2021年4月，世界读书日前夕，我还代表学校做了《最是书香能致远》的主题报告，在全校推广阅读经验。

2022年，我又申报了一项相关省级课题——"极简技术在小学整本书阅读评价中的运用研究"，也已特别顺利地结题，这也得益于在"新网师"的学习。

在"新网师"跟着何其钢老师学习"极简技术"期间，我不仅学习了许多实用的技术，而且和同伴一起把所学的知识推广到了我们学校，切身感受到了极简技术对于教育教学的帮助。实践中，我们借助极简技术，如同打开了整本书阅读教学的任督二脉，不仅让整本书阅读走向了深入，而且有效激发了孩子的阅读热情，更方便了老师了解和把控阅读情况。

之后的每一年，我一直行走在课题研究的路上，从未停止。有朋友问我做课题研究怎么每年都那么顺利，为什么自己报了几次连立项都立不上。我总是说，这要感谢"新网师"，在这里总能够接触到最前沿的理念思想、最实用的方法技术……

（三）追随"新网师"

2022年的五一别样充实，那个假期终生难忘。假期前夕，我收到"新网师"义工马明洋老师的邀请，得知生命叙事获奖的老师可以参加"新网师"深度共读活动，感觉真是万分荣幸。

明媚的5月，我们学校一行四人，和来自天南海北的一群热爱学习、热爱教育的"新网师"人一起，相聚在郑州中学第三附属小学，共同参加"啃读经典，照亮生命"深度共读活动。

一群怀揣教育理想的追梦人，手捧一本相同的经典书，在温馨美丽的校园里共读。多么美好的画面，多少难忘的瞬间。有精神的引领，有思想的交锋，与哲人对话，与同侪共学，甚是快哉！

在郝晓东老师的带领下，我们一起阅读了《教学勇气》一书。帕克·帕尔默的教育思想，影响了每一个热爱教育的"新网师"人。克服恐惧，认识自我，知行合一，过一种不再分离的教育生活……这次深度共读活动，给了我们教学的勇气和力量，同时给了我们前行的动力和方向。

除了经典的魅力让我们沉醉，导师郝晓东老师的儒雅睿智，李末校长的亲切博学，以及郭小琴老师、王小龙老师、马增信老师、王辉霞老师、刘广文老师、郭丽丽老师等众多课程导师和"新网师"义工们的热情耐心、勤奋认真，都给我们留下了深刻的印象。

令人惊喜的，是遇到了我们整本书阅读的几位学友：孙红组长、何刚老师、赵健汝老师、陈翠清老师、李苑桃老师……他们笃学的态度与独到的见解无不令人叹服，能与这么多优秀的老师为伍，真是不虚此行。大家如切如磋，如琢如磨，如故友重逢，让人倍感温馨。

后来得知"新网师"要组织暑期共读时，我们决定再次追随。和负责人马增信老师联系了报名事宜，顺利地分组加群，前期准备一切妥当。遗憾的是，因为当地新冠疫情的反复，这次共读没有能够如约成行。

还好，能够观看在线直播，能够在微信群里欣赏大家的精彩分享。虽然隔着屏幕，我们同样感受到了"新网师"人的学习热情。他们的热情也无时无刻不在感染着我，所以，我在共读活动没有结束之前就用心读完了此次的共读书目——《非理性的人》《卓越密码：如何成为专家》。

为岁月抹下一道光亮，为生命留下一段美好。两次不同形式的共读，带给我的是深深的思考、满满的收获，以及难以名状的震撼。

今后，我会坚持热爱，继续紧紧追随"新网师"，啃读经典书籍，做自己喜欢的课题。唯愿一群尺码相同的人，沉醉于每一个手不释卷的朝夕……

历经四季的春夏与秋冬，欣赏生命之花绽放的绚丽，体验生命之果采摘的幸福，艰辛而平凡，任重而道远。我愿与孩子们一起生长，努力让"每一年，每一季，每一天，都开出一朵花来"。

让我们一起，继续躬耕于教育的田园，静待满园芬芳，桃李流丹。

（工作单位：河南省虞城县明德小学）

深耕课堂，追寻生命之光

李海波

一、平凡选择

人生的旅程就是这样，用大把的时间迷茫，在几个瞬间成长。

——瑞卡斯

"电视机前的观众朋友们，大家好！我是波波老师，欢迎大家收看《新闻播报》节目，今天我为大家带来新鲜出炉的新闻……"

每次上课前我都尽量搜集与本课题相关的最新案例，一是为了吸引学生的兴趣，二是希望自己在解释知识点时有相关案例支撑。后来，我发现直接让学生上台来当新闻主持人，这样更能激发学生参与课堂的兴趣。于是我开放主持人名额，学生争先恐后地跟我预约并实战主持，他们玩得不亦乐乎。

这是任职初期的我在政治课堂中最常用的导入方法。

而我的教师职业生涯要从 2012 年开始说起。

那年大四毕业季，跨专业考研失败的我带着几分迷茫却又"幸运"地应聘到雷州半岛的一所沿海中学。就这样，我开启了自己的教师职业生涯。

我的本科专业是思想政治教育专业，但由于学校严重缺乏历史老师，所以我从任职之初就被安排既教高中政治，又教初中历史。政史不分家，我也就坦然接受这样的排课。

天不怕地不怕，最怕普通话。在正式登上讲台前我一直用家乡土白话进行交流，就连普通话测试，我也是以多 0.3 分危险过关的。至今我还记得一清二楚，我第一次站在讲台上用蹩脚的普通话把"人家"说成"人渣"，一不小心就把全班同学逗得哄堂大笑。

在初中历史教学中，受江苏卫视《一站到底》这档节目的启发，我也学着与学生玩起历史知识抢答游戏。我以每一节课为一季，每一季能挑战站到最后的那个学生就是"站神"。如此类推，十季结束后，我们还进行"站神之战"的总决赛，最后一一颁奖。在此期间，我还动员学生积极思考，共同出题，接着我再择优入选题库，我发现这样更能激发学生的参与热情。

这就是任职初期的我，虽还不懂教育之道，只会追求热热闹闹的课堂，但当时我只想尽一切办法去调动学生参与课堂的积极性。日积月累，在与学生的良性互动中，我从学生的眼睛里看到他们对知识的渴求。同时我在学生的身上也看到自己曾经年少的模样，我发现我越来越像个"学生"了，在课堂上我也越来越陶醉在与学生的互相启发中。于是我不断地说服自己留下来，留在学生的纯粹与纯净中，我开始找到自己站在讲台上的意义，我暗暗发誓要做一名学生喜欢的老师。

那时刚刚入职的我对教学感到好奇又兴奋，我尝试引进新鲜血液来充盈自己的课堂教学，我想方设法去提升课堂活力，这是我在教师职业生涯中的浪漫期。

二、幡然醒悟

> 正在经历的孤独，我们称之为迷茫。经过的那些孤独，我们称之为成长。
>
> ——刘同《你的孤独，虽败犹荣》

在学校里没有师徒结对，没有督促，全靠自觉。可是，我走着走着就忘记自己的初心了，我在不知不觉中陷入职业倦怠。尽管我已经接近完成两轮的高中政治教学，但单靠我自己一个人的摸索，真的很难成长。在工作的第一个五年里，我没有写过一篇教学反思，更没有教学论文的发表。一是我看书少，二是我真不会写。当时我看得最多的是《南方日报》，很少涉猎专业书籍的阅读。最致命的是，我从没养成动笔书写的习惯。

正如郝晓东老师所说："没有明确的成长目标，就像滑西瓜皮，滑到哪算哪。"那时我最大的困扰是站不稳讲台，常常因为备课不足而被学生问得措手不及，甚至还出现敷衍式的解答。为预防这种情况发生，我越来越"满堂灌"地讲课。现在想来，真是"误人子弟"。

让我进行深刻反省的是在 2017 年 11 月底参加广东省学科教师技能大赛，我突破重围，代表县级选手去湛江市参加市级比赛。可自己实力不济，最终在市级决赛中铩羽而归。我印象特别深刻的是当时评委老师还委婉地指出我的专业知识存在瑕疵，我真想找个地洞钻进去。这次的失败使我深刻意识到自己专业知识之薄弱，也正是这一次的失败使我得以重新审视自己。那时我虽已入职五年，但课却上得没有任何特色，更没有掌握一套教学设计方法。因为我几乎完全是模仿教材、教参来进行。久而久之，我的学生开始睡倒一大片……

我越想越为自己捏一把汗，特别为自己的无知和无能感到沮丧和内疚。在这五年的青春里我到底成长了什么？已经从教五年的我竟然还在最基础的专业知识上栽跟头？已经从教五年的我竟连讲台都还站不稳？真不敢想象这五年我耽误了多少学生！

自己没有实力，却心比天高！这五年里我只学会盯着教材、教参，不敢越雷池半步，更没意识到去看相关专业书来弥补。而我竟还过得心安理得，只认为自己把书教完就万事大吉了，至于学生是如何学习的，我从没想过这个问题。

这样的我与优秀教师比赛，我不失败谁失败呢？机会是留给有准备的人的，而我这五年竟一直在原地踏步，什么准备都没有！我越想内心越煎熬，难道我的实力就是如此？三十而立，我又立了什么？难道我只是盲目地去追求教参里的教学设计吗？我真正想要什么？我的特长与局限又是什么？如果自己的实力支撑不起自己的梦想，我还怎么成长呢？如果我再不静下心来提升自己的专业能力，我又将带领我的学生去哪呢？

连续一周辗转反侧，最终理智战胜一切，我选择改变自己的无知与浅薄，我决心弥补专业知识，专注提升教学专业能力。博尔诺夫说："只有少数重大的特定的经验可以称作遭遇，它们闯入人们的生活，突然地、往往令人痛苦地中断人们的活动，使之转向一个新的方向，导致生活发生重大改变。"这一次参赛失败是我的重大遭遇。正是失败后的幡然醒悟，我决心痛改前非，再次挑战考研。但这次考研与大四时考研有明显区别，这次我考研的目的只有一个——专注提升自己的教学专业能力，这也是我当时能想到突破自身困境的唯一途径。

三、奋起直追

我的迷茫和胆怯也一直都在，但我告诉自己，就算是万丈深渊，走下去，也是前程万里。

——木心《素履之往》

2018 年，我综合衡量自己的实际情况后决定报考广州大学的学科思政专业。

人啊，总是在出发时满怀期待，可走着走着就容易迷失方向，因为自己永远是自己最大的敌人。面对考研英语这个拦路虎，我望而生畏，我恐惧自己再次失败，间歇性痛苦与挣扎，在怀疑自我中放弃之心时常浮现。可一想到浅薄无知的我在评委老师面前连个地洞都找不到的那个画面，我只好咬着牙继续坚持。因为我只有抓住一切学习的机会，不断成长，才能挽救那个浅薄无知的我。

方向和目标都定好了，关键是落实行动。2018 年下半年我忙得不可开交，除了班主任工作外，我每周有 12 节正课，还有政治、历史双重备课以及家庭的大小事务……因此我只能在深夜和周末啃读考研专业类书籍。这些专业书籍看了又忘，我只能不断地重复记诵。而最具挑战性的是考研英语，这时我不得不又把荒废了几年的英语单词重新拿出来背。为保持语感，我坚持每天打卡熟记 100 个单词，坚持每天刷英语考研真题。经过近半年的煎熬与挣扎，那年 12 月我从容地走出考场。

那一年我收获很多，特别是重新经历了专业知识的洗礼后，我更明确了自己的发展方向——成为一名具有专业素养的政治老师。经过对自己所学知识进行重新排序、整理、分析、梳理后，我获得了更精确的知识，这是我朝向成长的关键一步。

四、遇见曙光

后来许多人问我，一个人夜晚踟蹰路上的心情，我想起的却不是孤单和路长，而是波澜壮阔的大海和天空中闪耀的星光。

——张小砚《走吧，张小砚》

幸运的是，2019 年我顺利拿到研究生"门票"。这张门票让我在广州大学图书馆里偶遇朱永新老师的《我的教育理想》和李镇西老师的《自己培养自己》这两本著作。正是这两位老师的智慧之光把我引领到"新网师"的世界。

2020 年初，我在"镇西茶馆"中读到《新网师 2020 年春季招生简章》，简章里的"寻找尺码相同的人——真正热爱学习、真正热爱教育、真正热爱生命"这短短 26 个字如灯塔之光，直射我心膛，我被这道亮光深深吸引。经历了入职后的迷茫与挣扎，我苦苦追寻的专业成长不正需要这样的灯塔指引吗？于是我迫不及待向"新网师"提交 3000 多字的个人阅读史申请加入。

2020 年 2 月我获批加入"新网师"。经过开学培训、选课、啃读、打卡后，我真正成为一名"新网师"人。在这里不仅需要上课，而且还需要交预习作业。最重要的是"新网师"以根本书籍来引领教师的专业成长，尤为可贵的是还配备专业导师来引领成长。2020 年上半年，改变我以往认知的一本根本书籍——《人是如何学习的》，让我重新审视自己的课堂教学。为什么我的学生会睡倒一大片？啃完这本书后我才知道自己从没有以学生的原有认知作为有效教学的起点，更没有让学生感受到知识的伟大魅力，当然也没有让学生在课堂上诞生精彩观念，学生在我这样的课堂上不睡才怪！

每一次完成《人是如何学习的》的预习作业，我都需要啃读许多相关的根本书籍。单单 2020 年上半年我就涉猎了怀特海的《教育的目的》、佐藤学的《静悄悄的革命》、苏霍姆林斯基的《给教师的建议》、达克沃斯的《精彩观念的诞生》、阿德勒的《儿童的人格教育》、博尔诺夫的《教育人类学》等书籍，但仅凭一己之力，我对部分书籍还是读不懂。

非常幸运的是，2020 年下半年"新网师"进行课程改革，我跟着课程的进度再次慢慢啃读《教师阅读地图》《教育的目的》《教育人类学》《儿童的人格教育》《给教师的建议》《静悄悄的革命》《教学勇气》等根本书籍，并一次次认真书写预习作业。在书写中不断反思自我，我的认知被不断打破，又不断重建。

不一样的专业阅读，不一样的专业写作，见证不一样的专业成长。从某种意义上讲，我真正的专业成长是从"新网师"开始的，而之前所谓的成长都是为了遇见"新网师"。

五、追寻理想

前行不止，无须迟疑和退避，健行于你寂寥的小径。朝暾渐朗，攀上群山之巅。

——海德格尔

在"新网师"的引领下，我致力知行合一，努力将在"新网师"里所学知识应用到自身教学实践中去，坚持在实践中检验，在实践中成长。

特别是近三年，通过不断实践探索，我建构"以学生成长为中心，以真实问题为驱动，以合作学习为策略，以立德树人为终极目标"的课堂，主要通过关注时政、问题驱动、多元评价等方式，引领学生在解决真实问题中成长。

具体来看，我探索以表现性学习为特征的道德与法治课。

上课之前，搜集与本课相关的时政案例，这样既吸引学生兴趣，又能在解释知识点时有具体案例支撑。后来，我直接请学生当《新闻播报》主持人，不断激发学生参与课堂的兴趣。

在课中，我结合时政案例设计真实问题来驱动学生开展合作学习，引导学生学以致用，让学生在解决真实问题中成长，引领学生关心社会、关心国家发展。

在学生合作学习过程中，我鼓励学生上台当"小老师"，分享小组学习成果，鼓励小组之间开展自评与互评，不断实现以评促学。

我发现，学生围绕真实问题开展合作学习后，其发现问题、分析问题、解决问题的能力不断提升，而且表达能力也越来越好。

什么是理想课堂？理想课堂就是让学习真正发生。

最后，我想谈谈我在课堂探索中最大的感受：以生长引领生长。

这里的生长有两层意思：

一是指教师以自身的生长引领学生的生长，教师必须是一个不断生长的人，只有教师不断生长了，他的课堂才会生长，他才能影响到更多学生的生长。

二是指以学生的生长引领其他学生的生长，引领学生通过合作对话交流、质疑碰撞、碰出思维的火花，从而促进学生共同生长。

以生长引领生长，这也是我的教学理念。

我会继续以教育经典书籍来涵养自己的根，同时把根牢牢地扎在课堂之上，扎在乡村教育的大地上。

茨威格在《人类群星闪耀时》中说："一个人生命中最大的幸运，莫过于在他年富力强的时候，发现了自己的人生使命。"

在乡镇中学坚守 12 年，我想帮助那些渴望改变命运的乡村孩子，尽我所能，帮助孩子扣好人生的第一粒扣子，帮助他们克服学习困难，引领他们勇敢追梦，努力将他们培养成为对国家对社会有用的人。

未来，我还会为乡村教育事业贡献一份力量！因为我来自乡村，我深知乡村孩子最渴望什么，我热爱乡村教育事业，热衷帮助乡村孩子成长，这是我的责任和使命。我将继续主动积蓄能量，成为一粒火种，点燃自己，照亮学生成长。

追寻成长之光，追寻灯塔之光，追寻理想之光。

我一直是那个追光少年！

未来，我将继续追光前行……

（工作单位：广东省雷州市东里中学）

向光而行

黄秀玲

这样的文字酝酿已久，却始终未动笔。与其说忙于工作没有时间，倒不如说为自己的懒惰找了一个冠冕堂皇的理由。在这样的理由之下，懒惰堂而皇之地大行其道，吞噬着所有灵感迸发的时刻。所有闪着灵光的想法和文字在我想动笔而未动笔的时刻悄然溜走，于是我只能望之兴叹。或许这样呈现出来的我，只是在给我平庸的灵魂一点点鞭策。因为平庸，所以一点点足够。

我的年代是什么样的年代？是积极进取，大有作为的吗？是懵懂无知，得过且过吗？抑或是跌跌撞撞，不断成长而未长成的？这是值得我深刻思考的。

每个人的成长都是有周期性的，生命本身拥有一个内在的无法逃遁的发展结构或者节奏。借用教育家怀特海的理论，就是"浪漫—精确—综合"的有机过程。

一、庭院深深深几许

人们啊，终究会离散于时间的尽头。但是啊，我不会忘记。在这段路上，你曾温暖过我的岁月。

——麦克福尔《摆渡人》

我出生在豫东平原的一个偏僻的小村庄。这是一个在20世纪90年代才能感觉到改革开放气息的落后地方，童年的世界因了这种落后留下了太多抹不掉的记忆。记忆中80年代的天空总那么高那么远，原野总那么辽阔。在这些记忆里，玩石子，踢毽子，三五成群地一起玩水，打麦场上的老牛拖着石磙，正月十五元宵夜的面灯笼，夏日夜里疯狂的"藏猫猫"，冬日午后的"杨树皮，砍大刀"……没有电视，没有故事书，却是我一想到童年就出现的一幕幕画面，永远生动鲜活。

对于小孩子来说，上学是一件可怕的事。我就亲眼看到我那些可爱的伙伴是怎样被藤条赶到学校里去的。他们还在留恋那一方碧水蓝天下的疯闹，而我正为那不断增加的弟弟妹妹而产生小小的烦恼，所以学校实在是个好去处。我是个规规矩矩的孩子，是个从小被老师"笃定"聪明又有出息的"人物"。就是这样，在既定的轨道中，一走就是九年。没想到我从九年的赞誉和掌声中走出，就走进了"深渊"。

曾经觉得遥远的与外界隔绝的村庄在90年代与世界接轨了。我在成长了15年之后第一次进城了，我至今还能记得当时兴奋与恐惧的心情。在那个很多人羡慕的高级中学里，我将要开始崭新的生活。我捏着父亲背着半袋小麦换来的一叠饭票，看着来来往往和我一样的一双双兴奋和矜持的眼睛，觉得陌生。那一天，天公不作美，下起了大雨。我在高中的第一天晚上，清清楚楚记下了我的感觉。在那个夜里，对我原来一直想要早点离开的家，还有我那群成天打闹得鸡飞狗跳的兄弟姐妹，有了刻骨的思念。

我的高中生活就这样开始了，就如同开学第一天的天空一样，似乎都是灰色的。我再也不是那个一直被"笃定聪明和有出息"的孩子，这里的孩子比我更聪明，更有出息。原来属于我的掌声和奖状都一点点离我远去，我的快乐、我的无忧无虑也一点点离我远去。多了的，只是无休止的敏感，还有那个欣赏我的语文老师口中所谓的"少年老成"的文笔。现在想起当年烂得一塌糊涂的数学成绩，还是不寒而栗。唉，我的花季雨季，全是凄凉到骨的无奈啊！

大学，90年代末的大学，应该还是精英教育。三年的高中生活把我发配到那个精英们不屑的"三流大学"——师专，沾了我那"少年老成"文笔的光，我姑且把自己归为那个三流大学里的所谓"精英"吧。那时文学还不算没落，还有诗歌，就在这种文人堆里混迹两年，也信手涂鸦，也以文会友。狂读卡夫卡，也大谈弗洛伊德，为那个"以梦为马"的诗人卧轨感伤不已，更因伟大的钱钟书离世和一众同系的好友在礼堂抱头痛哭。那个年代，有世纪末的躁动，有堂吉诃德式的英勇，有对爱情、对人生的美好憧憬。青春直逼心田，有多少欢笑，也有多少泪水，毕业之际的难舍难分，汽车开动的那一刻，倾泻如瀑的泪水，淹没不了青春灿烂。

至此，我的学生时代戛然而止。

二、山重水复疑无路

当我们直面生存、死亡与爱，哪一个会是最终的选择？

——麦克福尔《摆渡人》

1999 年大学一毕业，我就踏上了三尺讲台，并且开始做班主任。两手空空走向职场，没有实习，没有职前培训，没有思考。从一名受教者突然转变为教育者，这种转变让我措手不及。虽然我对班级管理毫无经验，但本着"初生牛犊不怕虎"的精神，我还是接受了学校的任命。

回顾开始那几年，我带班就是"大事小事一把抓"，"严"字当头，学生见了我，没有一个不害怕的。

我没有读过什么专业书籍。我的语文教学大多是抄写现成的优秀教案，然后迁移到我的课堂上。学校是一个老牌学校，除了每学期一节公开课，基本上没有什么教研活动。

老校长在大会上讲年轻教师的发展要遵循"1357 模式"，即入职后一年内站稳讲台，三到五年完成一次教学循环，七年左右要成为一个单位的教学骨干。至于怎么实现教师个人成长，怎么评价一名教师的成长，没有人清楚，也没有人关心。

在我教学的第五年，我的第一届学生迎来了中考，全班总共 80 人，其中升入重点高中的有 56 人，创下了学校历史纪录。对于这样的成绩，我沾沾自喜。那时，我认为学生只要考试成绩好，考上重点高中人数多就足以证明自己的优秀。

此后，我一直担任九年级的班主任以及承担两个班的语文教学工作，毕业班学习进度快、学习任务重、事情繁杂，我的教学往往被中考牵着走，没什么教学艺术可言。

随着时间的流逝，我发现那些靠刷题和勤奋挣来的辉煌，让很多学生厌倦学习，我也在这种日复一日的压力下产生了严重的职业倦怠。

我陷入了深深的迷惘中……

三、柳暗花明又一村

每一个灵魂都是独特的，都有各自的美德和过错。

——麦克福尔《摆渡人》

2009 年，是我从教的第十个年头。有一天，早读前刚进办公室，就看到桌上放着一封信，打开来读才知道是一名叫赵阳的女孩写的。

信的开头说，这是她第一次给老师写信，因为我给她的一个拥抱，让她在那一刻感觉到，我是最可信赖的、可倾诉的对象。

"老师，您就住在我家前面，应该知道我的爸妈经常批评我。我很自卑，觉得自己真的很没用，当您夸我聪明时，我真的很开心。爸爸总是说我反应迟钝。他表弟的孩子成绩位于全校前十名，而我却很平庸，爸妈总觉得抬不起头来。我每次考试时都很紧张……时间长了，我觉得自己快扛不住了。"

"自打上学以来，我就是个平庸的孩子，从未受到过老师的注意，而您不仅夸我，还相信我……我永远感激您！您放心，从今以后，我会尽我最大的努力，去学习，去奋斗！在我眼里，您永远是最好的老师……"

读着信，思绪万千，我不过是路上偶然遇见了她，随便说了几句敷衍的话，给了她一个拥抱而已，却在这孩子心里掀起这么大的波澜，我又感动又惭愧。

从教十年，学生一届又一届，当初的豪情渐渐消散。这封信让我开始重新审视我的职业，我看着讲台下面的学生，恍惚间发现他们不再是抽象的了。我为自己的疏忽汗颜，也为自己的懈怠心慌，我得重新抖抖了，我要和他们一起并肩作战，努力向前。

我开始读教师应该读的书。我对最初读到的两本书印象依然深刻，一本是笔耕不辍、贡献卓越的李镇西老师的《爱心与教育》，一本是被称为"另类校长"的郑杰的《给教师的一百条新建议》。细读，掩卷，静思，做教师的热情仿佛又回来了，整个人热血沸腾。我从郑杰的建议中，找到了做一名现代教师的姿态；李镇西老师的书让我试着和学生们一起找到适合他们的学习路径，给自己一点信念，给学生一个方向。

灯下漫读这样的书籍，总能引起共鸣。是啊！教师应该永远保持赤子之心，积极构建一种不同于传统的新型师生关系，学会由衷地赞美和倾听……努力登上人生幸福的三层楼——物质生活、艺术生活、独立思想。怀揣着别人的经验，我读后静思：我该怎样做教师？

作为一位毕业班的班主任，我不再紧盯着学生的成绩不放，不再将他们当作一个个被贴着标签的符号，我看到了一张张鲜活的面孔。

不久前，这些学生与我不过都是彼此的路人甲、路人乙。一年后，我在原地，他们又各自天涯，似乎没什么改变。这个时候，我想起了《小王子》里面那个忧伤的小王子和那只小狐狸的对话"如果你驯养了我……"，每次读到这句话，我都感动到鼻子发酸。"驯养"，一个多好的词，狐狸费了很大劲让小王子明白了驯养的含义——用心建立某种联系。一旦彼此"驯养"，彼此在生活中建立了某种联系，这个世界就不再是原来的样子了。如同狐狸所说：即使分别了，即使永不相见，至少我还拥有麦子的颜色。这颜色就是彼此生活交集、共度的这段旅程。

我现在想，这又何尝不是我们成为教师的意义。

四、腹有诗书气自华

时间一直向前走，没有尽头，只有路口，摆渡人，渡的是你，留下的是我，上岸的人各奔东西，完结每一段不得不完结的关系。

——麦克福尔《摆渡人》

"一个人不是因为美丽才可爱，而是因为可爱才美丽。"可爱就是有趣，有趣才会被学生喜欢，才有影响别人的可能性。我认为，作为班主任，一定要成为有趣的人。怎样才能成为有趣的人？最好的办法莫过于读书。书中那些有趣的灵魂，会让自己的灵魂也生动起来。

"教育即成长"，成长是一个缓慢的过程，我们要有静待花开的耐心。我用书籍开启学生的心智。我和志同道合的同事创办了"春雨读书社"，我想以这种春风化雨的方式，从自己班级开始，在日益浮躁的现实中，真真切切守住点什么。

作为一个小小教育者，我不能让校园变得"无趣"，不再盲目为追求升学率而忽视生命的渐变和成长。我要让我的每一届学生都能"腹有诗书气自华"，我要让"手不释卷"成为我的班级文化的一部分。

"成语接龙""诗歌朗诵""汉字听写比赛""师生共读"……这些活动成为我们的常态活动。每到周末和假期，我会列出书单，鼓励孩子们多读书。在读书中明辨是非，找到努力的方向。我感觉，孩子们越来越有情怀，也越来越可爱了。

寒暑假期间，教体局都会在全市发起大阅读活动，通过竞赛评选出"阅读明星"，我们班总会有多名孩子脱颖而出。当孩子们接过荣誉证书和作为奖品的书籍时，我看到的是孩子们眼中的光。我知道，读书已经成为他们生命中不可缺少的一部分。

转眼间，从教将近25年，班主任生涯至今从未间断。这期间，我还收获了幸福的婚姻、可爱的儿女。生活再忙碌，也要以最饱满的姿态登上心爱的三尺讲台，我要让孩子们永远有诗和远方的田野。

正如莫言所说，分数、学历，甚至知识都不是教育的本质。教育的本质是一个灵魂唤醒另一个灵魂。我愿用我有趣的灵魂来唤醒我遇见的每一个生命，做好孩子们的摆渡人。

五、长风破浪会有时

即使这样，哪怕重来一遍，我也不会改变自己的选择。这些年我发现，无论我做过什么，遇到什么，迷路了，悲伤了，困惑了，痛苦了，其实一切问题都不必纠缠在答案上。

——麦克福尔《摆渡人》

李海林教授在《教师二次成长论》中说："一个优秀教师成长至少需要两次专业成长，起决定性作用的是第二次成长。第二次往往是教师专业成长的'瓶颈'所在，大约有三分之二的老师走不出这个'高原区'。"十几年来形成的生活圈和工作圈没有任何变化和调整，又缺乏专业榜样的引领，一直在原地踏步。一度以"平平淡淡才是真"安慰自己，突然间发现这种一成不变简直是职业生涯的一个悲剧，"拔剑四顾心茫然"，决心要跨出一步，跨出熟悉的圈子。

我开始寻找学习的机会，接触同行业的高人。我多次自费参加各种能提升自己的学习活动，还加入一些学习共同体，寻找志同道合的小伙伴。当时有很多朋友包括家人都不理解，觉得我是在瞎"折腾"。刚走出舒适区的感觉是很不舒服的，像个"异类"，但退回去又不甘心。

2019年暑假，一个偶然的机会，我接触到了新教育，魏智渊老师走进了我的阅读视野，他写的《教师阅读地图》对我很有指导性。这本书最大的魅力是它的成长性，它阐释了新教育教师专业阅读的基本理念，并从理念与实践方面提供了构筑合宜的专业大脑的路径，强调对根本书籍的研读，还开列了具体的阅读书单，强调知性阅读，又特别强调通过共同体共读的方式。这本《教师阅读地图》成了我的工具书，我开始接触一些促进教师专业发展的根本性书籍。

李镇西老师在《把好书化作自己的灵魂》的讲座中说，作为教师，读书无外乎三类：人生的、教育的、教学的。读这三类书有个比例分配的问题，其实这个比例分配因人而异，这三类书从各个层面能让我们更好地认识人生、历史和世界，把握教育的方向，"站在人生的高度看教育，站在教育的角度看教学"。针对阅读，李镇西老师给出了八字箴言："读出自己，读出问题"。

阅读方面，我自知还是一个学困生。"书犹药也，善读可以医愚"，我能感觉到书籍的巨大治愈力量，我会一辈子与书籍为伍。

六、直挂云帆济沧海

你有没有见过我，我走了很远，才来到这里，涉过黑山白水，历尽百劫千难，在我每一次的人生中，找到你；金风玉露一相逢，胜却人间无数。

——麦克福尔《摆渡人》

2020年元旦，我和一些小伙伴相约开启批注式阅读之旅，我们四位小伙伴组成"四时花开"团队，坚持日更一文。那一年"新网师"课程设置改变了形式，设置的是通识课的学习，有十几种书需要学习，按照开列的书单，能买到的书我就提前买来预习，不能买到的也根据"新网师"提供的课程材料打印出来学习。尽管提前做了积极准备，学习起来依然比较吃力，不过我选定了直面困难，迎接挑战。每天，深夜的灯火漂白了四壁，认真阅读、思考，写打卡日记。

坚持日更一文不是一件容易的事情，几度想要放弃，有的时候到了深夜，还没有完成打卡和日更，心里对自己说：少一次也没什么，又没人监督。在纠结和矛盾中，最后还是忍不住从床上再爬起来，因为缺少一次打卡让我感觉像有了污点。

专注读写，追求卓越，我们"四时花开"学习小组由最初的四人发展到十余人。本市教育电视台专访我们，在我们那产生了一定影响，引起了河南省《教育时报》刘肖主编的关注。他为我们题写了自己的诗作为勉励：

耕耘不问收获，自有一路花香。
只要初心不改，脚下就是远方。

就这样一路坚持，从阅读的浪漫期抵达精确期，研读名家课堂，从名家课堂中寻找他们如何设计引发学生思考并形成智力挑战的主问题，自觉或不自觉地把所学运用到自己的课堂中。

备课、上课、听课、评课，我反思：我的课堂上学生有没有真实的思考？我有没有真正解读文本？我的哪些课堂沉闷或者是呈现了虚假"繁荣"？每天忙忙碌碌，并不等于拥有了良好的实践背景，因为深入教室或深入教育教学实践，并不是你的身体在场，而是你的灵魂在场。灵魂在场意味着你不是站在学生身边，而是与学生相互编织，你不是把知识教给学生，而是把知识融入灵魂，然后再活生生地影响学生。

阅读、实践、反思让我越来越懂得什么是教育，越来越懂得身为语文老师的责任和坚守。这驱除了我的职业倦怠和浮躁，开始把平凡的工作做得有滋有味。我想要缔造润泽的教室，我想过上幸福完整的教育生活，和教室里遇见的每一个生命共同成长，做一个有趣的老师，这或许就是我想成为的样子吧。

2022年起，我每天早晨6:00左右在家长群发布"早安"，内容有对班级情况的梳理，有对家校沟通的建议，有对家庭教育的经验分享。这些得到了家长的接受和认可，很多家长留言说，学习这些家庭教育小技巧后改善了亲子关系，找到了教育孩子的方法。

我的"早安"分享做法在全校得到了推广，我在班主任会议上还分享了经验，也数次给我校的家长们做家庭教育和亲子沟通的讲座。

一步步的努力中，我也收到很多额外的奖励：荣获河南省中小学名师称号，获得省级优质课一等奖，被评为"河南省最具智慧力班主任"，当选为第六届商丘市政协委员……

我越来越坚信在教育的这方土地上，自己可以大有所为。相信我们每个人都会成为一束光，照亮自己，吸引更多向光而行的人，缔造一间间润泽的教室，过上幸福完整的教育生活。

最后，让我用美国诗人惠特曼《有一个孩子每天向前走去》的诗句做结，愿与所有成长中的学友们共勉。

有一个孩子每天向前走去，
他看见最初的东西，他就变成那东西，
那东西就变成了他的一部分，
在那一天，或者那一天的一部分，
或者几年，或者连绵很多年。
或者是早开的紫丁香，
那么它会变成这个孩子的一部分……

（工作单位：河南省永城市第一综合学校）

幸福从此熙熙攘攘

于似芳

既然选择了远方，便只顾风雨兼程。让自己优雅地老去，幸福从此熙熙攘攘。

——题记

一、岁月有加，并非垂老；理想丢弃，方坠暮年

春华秋实，飞花作雪。一转眼，在教育这片大地上已默默耕耘了 34 个春秋。回首往事，仿佛还在昨天。

1990 年 7 月，师范毕业，年仅 18 岁的我，初为人师，对一切充满好奇，充满惊喜。我任教的第一所学校是一所村小，学生不足 60 人，还有复式班。刚刚毕业，当时的学校负责人便安排我教一年级，还担任班主任。除了音乐课以外，只要开的课，我全教。每天与 20 多个孩子在一起，我成了一个孩子头儿。上课时带着孩子们学，下课时领着孩子们玩。那时的学校，前面有个大菜园子，我还领着孩子们捉蝴蝶，观察蚂蚁搬运粮食。活动课时，孩子们还教我跳皮筋。一天的任务结束了，我还给孩子们读故事书，日子过得有滋有味。

我的语文课还是非常有吸引力的。1991 年春，我代表中心校参加总校的

教学比武，获得了第一名。在这所村小，孩子们是那样可爱，跟我感情都不错。他们喜欢给我讲一些新鲜事儿，把他们的快乐分享给我，我也愿意倾听他们的心声。元旦联欢，我带着他们排练舞蹈《青苹果乐园》，在当时经济并不发达的小山村，孩子们能享受劲舞带来的乐趣，那种幸福感让我喜不自胜。山村人纯朴善良，我又是第一个分到那里的师范毕业生，他们对我的热情，对我的宽容，让我不敢懈怠。那一年的乡村教学生活，让我的职业生涯有了美好的开端。时隔 34 年，当年教的那群一年级孩子，还记得我，记得我这个启蒙老师。

1993 年 8 月，带着对这份工作的热情，我调入了隆化县第一小学。我必须提一下我生命中的第一个贵人——刘继文校长。这位高大魁梧的长辈，可是我们隆化教育的大能人，业务精湛，管理有方。初见他时，我有些怕他，因为他不苟言笑。这位前辈最大的特点是喜欢听课，并且推门就进。记不清有多少次了，每次听课后，他就直接指出不足，看似严厉的他说话却很委婉："这段话如果这样讲，可能效果会不错……"记得在听完《南辕北辙》一课后，他说："这节课容量大，板书速度快，美观大方，这一点我比不上你。"我想这是校长在夸我呢。

经过这样的历练，我的成长是不言而喻的。各级各类的讲课，迎接上级的检查，每一次磨课都是一种考验。那时哪有什么网络搜索，全靠自己来设计教学。实际上，这种锻炼让我受益一生，这也为我以后的课堂教学铺就了一条成功之路。

接下来各类的赛课应接不暇，我也获得了诸多荣誉：隆化县赛课第一名，承德市优质课一等奖，2001 年被评为承德市优秀教师，2004 成为隆化县第二届名师。再后来，我一直教毕业班，班级考试成绩多次位列全县第一，获得各级各类荣誉 90 多项，顺利晋升为高级教师。作为一名普通老师的我已经进入了人生巅峰，年已半百的我还有何求？

二、众里寻他千百度，蓦然回首，那人却在灯火阑珊处

日子伴着流年悄然无息地流淌。每天早晨迎着朝阳进班，晚上踏着落日的

　　　　　　　　　　　　　　教师成长的奥妙：榜样教师这样做

余晖回家。我、孩子、家长感情尚好。孩子们与我贴心，愿意同我交流，找我解惑。家长管不了的事情，我会尽力说服孩子们，为他们搭建桥梁，增进亲子关系。因为年龄的关系，我经常回忆，想着带过的一届又一届孩子，我的教育已经在他们身上开花结果，这真是值得欣慰的事啊！转眼间一万六千多个日子就这样逝去了，我不断叩问自己：就这样躺在过去里终老了吗？我要走向哪里？

2018年，这是一段特殊的岁月，这一年我终于从迷茫与困顿中走了出来。7月22日，我县成立了新教育榜样教师工作室。由教育局汤晓晨局长、武瑞山主任、黄秀菊主任牵头，我有幸成为工作室的一员，并被任命为组长。武瑞山主任同我们谈起了"新网师"，并给我们发了招生简章。"虽同样身处浮躁的时代，但不肯放弃早已被许多人弃如敝屣的理想，而是始终怀着一颗真诚的心，勇于承担身为教师的责任，在自己或者希望在自己的教室里，守护着最初的纯真愿望。""众里寻他千百度，蓦然回首，那人却在灯火阑珊处。"这不就是我一直追寻的吗？

怀着一颗朝圣的心，我提交了3000多字的阅读史。8月25日早晨，在新生录取名单里，我认真地找寻着，在众多的名字中终于找到了自己——"183891于似芳"。这一刻，幸福满满，因为"新网师"并没有拒绝怀揣梦想而年龄偏大的我。

9月8日，蓝玫老师同我们如期见面了。蓝玫老师亲切的声音、谆谆的教诲如清泉，浸润我的心灵，让我有了一种多年来未曾有过的激情。拓展生命的长宽高，让自己更加丰盈。蓝玫老师说："从一间教室到这间教室背后的几十个家庭，透过这几十个父母再向周围的环境传播，我们可以毫不谦虚地说，我们是在改变整个社会的大环境。"

蓝玫老师的话的确不错。重阳节的前一周，我组织了"九九重阳献孝心"的家校活动。百善孝为先，活动旨在引导孩子把孝做到实处。同时也是让孩子带动家长把爱表达出来，为家里的老人（爷爷、奶奶、姥姥、姥爷）洗一次脚，送上一个拥抱，说一句祝福的话，做一顿可口的饭菜。共有48个孩子，也就是有48个家庭完成了本次活动。一位学生的妈妈说："谢谢老师，教会孩子感受爱，表达爱，让孩子健康成长。孩子的一个拥抱，让老人笑得如秋花一样灿烂。孩子低下身给老人洗脚，那是对爱的践行。老人因你而幸福，我因老师而幸福。"我也写下了我的感言："在这一刻，孩子们用特殊的方式表达爱意，相信老人们的心亦如花一般绽放。看到这一幅幅动人的画面，我热泪盈眶。孩子们，老人是我们的根，有了他们，我们才能枝繁叶茂，他们的幸福就是我们最大的幸福。"

　　教育的初心是什么？是服务于孩子，我们通过自己的努力成长点亮自己，照亮别人。以自己的微薄之力去改变孩子，改变家庭，改变他们的生活方式，"同悦书香亲子诵，其乐融融品诗词"亲子共读活动就是最好的诠释。家长参与到与孩子共读的行列，我们一起畅游在古诗词中，行走在一本本童书、名著中。家长的改变，影响着孩子的改变，读书成了大部分家长的行走方式。他们和孩子共读、共写，一个又一个书香家庭的诞生，让我情不自禁地惊叹于教育的魅力。

　　一次次家校活动，拉近了我和家长的关系，我和家长成了朋友。他们同孩子沟通不了的事，我给孩子做工作。孩子与家长有了矛盾，我来调和。六年级最后一次家长会，我让每个孩子给自己的家长写一封信。当家长读着每天回家同他们吵吵闹闹的宝贝儿们的信时，教室里真静呀，每一位家长都在用心读着。几个家长终于忍不住了，眼泪顺着脸颊流了下来。天赐妈妈、蕊宁妈妈、跃杨妈妈、丹丹妈妈，我抢拍了一些镜头，把这感人的画面定格在我的记忆里，定格在家长的记忆里。这幸福的眼泪、内疚的眼泪、欣喜的眼泪、惊讶的眼泪……各种各样的眼泪难道不是孩子对父母的全部的爱吗？父母与孩子之间的隔阂与矛盾，一瞬间都释然了，这感人的情景也正是我所期望的。

　　我努力地搭建家校之间的那座桥，呵护着家校之间的那个娃。虽然也有一些不理解的家长，"精诚所至，金石为开"，迟早有一天他们也会被卷入到教育教学中来，成为真正的护花使者，他们的孩子也将如花般灿烂。

三、纸上得来终觉浅，绝知此事要躬行

李镇西老师说："一个孩子，一个日子，就是教育，陪伴每一个孩子，擦亮每一个日子，就是教育的全部，而教育就是这么的朴素。愿我们平平淡淡，又踏踏实实地陪伴着一届又一届的孩子，度过我们朴素而又充满诗意的一生。把一堆琐碎的日子，铸造成我们幸福而伟大的人生。同时，为我们的孩子留下充满人性的温馨记忆！"是啊，什么是教育？这就是教育的全部。班级民主管理，并不是放在口头上的，而是要去践行。开学初的一天，当我拿着一沓听写单春风满面地走进教室时，我被眼前的情景吓住了。孩子们齐刷刷地坐在教室中。我从数学刘国新老师的大声训斥中，知道孩子们上课没有用心听课，小声说话，惹怒了刘老师。六年级的课时多么紧张，我不想让我的孩子们空过一秒，我想把所有能想到的知识都传授给他们。可是为了他们能够健康地成长，为了他们在小学阶段画上一个圆满的句号，我占用语文课的时间给孩子们上了一节班会课——"战胜自己"。

我说："你们希望拥有一个什么样的班集体？"

孩子们争先恐后地回答："优秀""关心他人""有上进心""和谐""向上""团结""学习积极""认真听讲""以班级为家"……

我接着说："这就是我们大家的共同愿景，如何让它们变成现实呢？这就需要每个人战胜自己。"

我继续说："如何去战胜自己，当在课堂上想说话时克制住了，这就是战胜了自己；当你伸出拳头想打人时又收回来了，这就是战胜了自己；当你交上了一份清楚的作业，这就是战胜了自己；当你在课堂上勇敢地举起小手，这就是战胜了自己。孩子们，我们每个人就是在一次次战胜自己中，走向成功的。就是在这一次又一次的成功中享受战胜自己的快乐。你们也就因此从优秀走向卓越，成为了大写的人。"

第二天的随笔中，孩子们深刻地剖析了自己的不足，并为自己提出了奋斗目标：战胜自己。虽然这节班会课仅用了 15 分钟，但却给孩子们留下了不可

磨灭的印象。因为我尊重了孩子们，没有粗暴地怒吼，而是让他们自己提出奋斗目标，自己去改正自己的缺点，在随笔中不断写自己战胜自己的事例。我及时在班级里树立榜样，让每一个孩子有想成为好孩子的愿望，成为别人的榜样，让他们在不知不觉中学会了遵守规则、捍卫规则。

学期过半，班里出现了一些奇怪的现象。在班级里听见了不文明的语言，这些语言是那么的刺耳，与文明友善格格不入。叫别人绰号的人越来越多，我讲课的时候偶尔提及那些字眼时，部分同学眼里闪过一丝狡黠，很多同学的目光会不约而同地投向那个孩子，让他很难堪。晨诵时、读课文时的激情没了，就像发蔫儿的萝卜，缺乏了灵气……原来下课就喜欢到操场上去的他们，几乎成了大门不出二门不迈的大家闺秀。

六年级的他们，为什么一瞬间就缺乏了朝气，缺乏了热情？也许他们认为自己已经长大了，不屑于原来的样子。可是他们怎能知道原来的朝气蓬勃，原来的积极热情，可是值得一生拥有的财富呀！当一个人失去了热情、失去了朝气，那就意味着他失去了一颗童心、一颗爱心。每天不是学习就是学习，这种生活令他们乏味，也难怪孩子们都变了样。

于是，我决定送给我的孩子们《一碗清汤荞麦面》。在这一碗充满浓浓爱意的"荞麦面"里，孩子们读出了坚强，面对困难不退缩；读出了乐观，勇敢面对生活；读出了对别人的友善，帮助别人无痕；读出了对别人的尊重，春风化雨；读出了一句祝福的话，令人倍感温暖……当我读完孩子们的随笔，我心生感动，孩子们反思了自己的行为，与文中孩子对比，找到自己的差距，决心勇于向困难挑战。有的孩子写道："我经常给别人起绰号，这就是对别人的不尊重。"有的孩子说："我以后一定多用优美的语言，不说脏话。"人非圣贤，孰能无过？能够认识到自己的缺点和错误，并下决心改正，这就超越了自己。

我也深情地对他们说："孩子们，我知道你们原本善良，原本纯真。在成长的路上，虽然偶尔会有一些沟沟岔岔，只要我们努力修正，继续前行，条条大路通罗马。只要我们拥有一颗童心、爱心，与人为善，尊重别人，相信无限风景尽在眼前，愿这碗面永远与你相伴。"

"纸上得来终觉浅，绝知此事要躬行"，班级管理中，爱心与教育并行，尊重与民主携手。孩子们重拾童心，已是暮年的我也绽放了青春的光彩。

四、苔花如米小，亦学牡丹开

六年的"新网师"学习，我选修了 16 门课程，多次被评为榜样学员。学习在某些人眼里是件痛苦的事，读书需要耐得住寂寞。我在随笔中写道："要带好我的班，要做好学校交给我的任务，要做好家务，要管好自己的孩子……当这一切安排妥帖时，只有这个时候，时间才是属于我自己的。沉浸在书中，其实也是一种放松的方式。"写随笔，让自己的思绪放飞，让我们的生活有迹可循。在"新网师"公众号和"新网师"周报中发表的那些随笔，就是对我生活的真实记录。

2019 年暑假的一天，真是凑巧，我刚接到了敬爱的"新网师"主任助理郭小琴老师的微信，给"新网师"新学员做培训，又接到我县教育局汤晓晨局长的电话，让我给新入职的特岗老师做岗前培训。两个任务是如此的艰巨，我想如果没有"新网师"的学习与积累，无论如何也不可能完成这两项重任。两个培训的文字稿五万多字，我突然间都有些佩服自己了。多次在全县教育培训会上给主管教育的领导分享我与"新网师"的故事，县域内我又多了很多"新网师"学友。2023 年春，给全县教育主管做以《撑一支长篙，向青草更青处漫溯》为题的小学语文大单元教学，理论与实践相结合，深受与会领导好评。一星期后，又为省培学员做《中国美食》示范课，做《指向核心素养下的小学语文大单元教学》的理论培训。一分耕耘，一分收获，几年里在《小学语文》《新教育读写生活》等期刊上发表了四篇论文，在"新网师"公众号发表多篇随笔。李镇西老师的"四个不停"——"不停地实践，不停地思考，不停地阅读，不停地写作"一直激励着我，我正在自己培养自己的路上健步奔跑，用一生的时间去寻找那个让自己惊讶的自己。

五、潮平两岸阔，风正一帆悬

2024 年，在教育的土地上行走了 34 年，岁月带走了我的青春，带不走那颗滚烫的心。在这间小小的教室里守望着每一个黎明和日落，我在与孩子们的这间教室里演绎着自己的生命传奇。在农历的天空下散步，在文字的溪流中徜徉，在琅琅的书声中舞步……新教育的"十大行动"在我们的教室里落地生根，开花结果。语文课正朝向美好，"落实有效教学的框架，发掘知识这一伟大事物内在的魅力，知识、社会生活与师生生命的深刻共鸣三重境界"成为语文课的导航；"整合度、参与度、亲和度、自由度、延展度、练习度"让学生成为学习的主人。理想课堂与核心素养下的大单元教学融于一体，以终为始，教学评一致，高效、扎实、润泽成为我的教学特色。

课堂上，我更乐于倾听孩子们的不同声音。《狐狸分奶酪》一课，孩子们发现了这块奶酪是捡来的，应该物归原主，而不是只关注两只小熊的斤斤计较、狐狸的狡猾，我赞许了他们的逆向思维。我更乐于在文字的空隙中去发现语文的曼妙，善于运用补白、角色自居，让孩子们在文字中漫步，让知识、生活、生命发生共鸣。《雪孩子》一课，雪孩子是真善美的象征，它在救小白兔时，一点一点变小，化成一滩水，变成水汽，变成一朵很美很美的云时，我分明看到有几个孩子眼里噙着的泪花。我让他们做一回小白兔，对雪孩子说几句话，孩子们的真情在自然流露，真与善、爱与美植根于孩子们的心中。我一直记得林清玄曾说过，"要培养孩子一颗柔软的心"。我想我的语文课正在培养着一颗又一颗温柔而坚定的心，当他们走向世界，不会对周围的一切漠不关心，心如铁石，而是用充满爱的双眼去发现世界的美好与可爱。

伴着《义务教育语文课程标准（2022 年版）》的实行，大单元教学成了当前的热点。在"新网师"沉潜六年的我，2023 年参加了从学区、县、市的赛课，一路过关斩将，最终拿下了市赛课一等奖。孩子们在课堂上以大情境下的任务为驱动，主动探究，深度学习，复活了知识。对于这样的课，我们既能保住孩子们的成绩，又让他们发现了知识这一伟大事物，他们的学习在课堂上真正发生了，此时的他们与我是何等的幸福，这不就是朝向理想的课堂吗？

我清醒地知道自己的短板是什么，理论的匮乏，让我的言说多是经验之谈。感谢还有八年的教育生涯，我还有机会啃读一本本根本书籍，就让它们成为我安身立命的法宝吧！每天从那里汲取营养，去滋润教室里的每一粒种子；做一位农人，行走在田野间，收获每一个金秋。

余生很短，感恩生命的馈赠，在第十个五年间勇敢地跨入"新网师"。年富力强时不曾相识，愿在最后的岁月中倾心相随，直至暮年。今天，人生已经开启第十一个五年，做不了苍鹰，就做犟龟吧，慢慢走，迎面而来的是星辰大海、旭日东升，幸福从此熙熙攘攘。

（工作单位：河北省隆化县第一小学）

第四章

历练重任，赋能个体成长

承担即成长，是新教育的一种文化。秉承这样的理念，"新网师"成员在各种岗位上，在实践的历练中，不断学习，不断成长，并因成长而有能力承担更大的责任。

《卓越密码：如何成为专家》一书中说："个人真正进步的核心除了学习思考外，实践是最后但也是最重要的'临门一脚'，只有通过不断地实践、干活解决问题才能真正理解世界，才能真正创造价值。""干活才是有所成就的终极武器。"当每个人都能把工作、生活中一地鸡毛的繁杂，扎成一个鸡毛掸子的时候，成长便如期而至。

行走在教育的路上

周　娟

时光飞逝，不承想作为一名幼教工作者，已在教育岗位工作了 29 年。从最初的"浪漫"变为逐渐的"精确"，继续行走在通往理性"综合"的教育之路上！

一、职业浪漫期：浮世浮生教育间

只有当你致力于自我教育的时候，你才能教育别人。

——乌申斯基

（一）入职初期：决心如汗珠般闪耀

1995 年 8 月，18 岁的我正值花季般的年龄，从淮阴师范幼师专业毕业后分配到我们县城一所郊区的中心小学附属幼儿园。带着对孩子的喜爱，对工作的激情与渴望，我融入到孩子们中间，做孩子们的大姐姐，与他们一起做游戏、讲故事、念儿歌。高兴着孩子们的高兴，快乐着孩子们的快乐。

刚踏上教学岗位，从师范学习的理论到工作中教学的实践，一切都是陌生的，需要不断地学习取经、拜师听课，积累实践经验。在园长和老师们的帮助和鼓励下，我很快熟悉了幼儿园教育教学的一日活动组织流程。此时就如经历职业发展中的浪漫期，也正是《教师阅读地图》中所说的："浪漫时期是教师专业发展的第一个时期，即教师感性地、自觉地、自发地进入教育情境，好奇地进入教师生涯，全身心地感受着教育生活的丰富、惊奇和热爱。"

伴随着这份热情与热爱，仍记得 1995 年 11 月，是我刚毕业上班的第三个月，参评的一篇论文经过县级选拔到淮阴市教育局进行论文交流（全园仅此一篇），我们园长调侃地对我说，"瞎猫碰到死老鼠了，让你走运了……"，确实是意外的惊喜，但让我对初入职的幼儿教育更加坚定了信心。

（二）成长阶段：行于教育教学之岸

随着工作阅历的不断积累，工作的第二年，我慢慢厘清了幼儿园一日生活不同活动的组织与策略。在实践的深入中，我的教学组织能力不断提升，多次承担园内外的公开示范教学活动，在领导和同事的肯定和激励中，我越发喜爱幼教工作。为不断自我发展，工作之余，我积极报名参加自学考试提升理论水平，先后取得自学大专和本科文凭。

不知不觉中，在郊区工作了四年，1999 年 8 月，我调入现在的单位——江苏省泗阳县幼儿园。这是一所全县唯一的教育局直管园所，聚集着全县最专业的幼教师资队伍。在新的工作环境里，我如鱼得水，努力学习，教学业务能力又得到了提高，从班主任变为年级教研主任，还获得了"县优秀班主任""县教学标兵""市教学能手"等光荣称号。拥有了这份激情与幸福感，感觉一切付出都是值得的，我享受其中。

（三）改制阶段：炉火熄灭之际

就在我在幼教岗位不断追求专业发展的关键时期，2003 年，也是参加工作的第八年，宿迁市下发一道行政命令，把幼儿园（因为非义务教育）推向市场。瞬间，还正享受工作幸福感的我，就由一名财政拨款的国家教师变成无身份无地位无保障的教师，心情由晴转阴。

单位里所有的老师都对当时的政策心怀不满，大家一起写申请，到县教育局要说法，又到县政府找分管县长未果。又跑到市教育局、市政府寻求帮助，还是没有满意的答复。于是，所有老师一起自发半夜租车奔到江苏省政府求说法，省级也没有具体的答复。

毕竟人少力量有限，几年来诉求迟迟得不到解决。在这种状态下，一个个热爱幼教、奋发向上的老师在突发的改制中，遭受了深渊般的痛苦。所有老师大部分的精力都耗费在了找律师、权利保卫战中，致使个人的专业发展、单位的教育管理乃至整个区域的幼教发展，几年来一直处于停滞状态。当时周边的泗洪幼儿园和我们面临一样的困境，她们直接将情况反映到中央一套《焦点访谈》栏目中。

直到七八年后，我们才由改制中无身份的教师变成了现在自收自支的状态。感慨那几年的工作生活经历，耗费了时间，搁浅了岁月，也耽误了成长，很无奈！好在一切都是暂时的，随着幼教春天的到来，我又投入到新的幼教工作中。

（四）稳定阶段：在科研带领的蓝天下

2011 年，我承担起幼儿园的教学业务和教科研工作。因为肩负重任，要做好业务管理工作，对自己的专业发展就不敢放松。在教学实践的基础上，我慢慢踏上教科研之路，从县级课题到市级课题再到省级课题，一步一步深入研究，在县教科室专家的指导下，科研方面不断进步，一项省级课题的成果还获得了省教研室二等奖，也因此荣幸地被评为"江苏省教科研先进个人"。

一路上，在科研的探究、思考、实践中，论文频频获奖，还有十几篇论文发表在幼教期刊上。也因为有这些资料的积累，又先后被评为"宿迁市学科带头人""宿迁市拔尖人才"和"江苏省 333 工程培养对象"，并顺利评上"幼儿园高级职称"。

原以为，度过浪漫期，教育生活也步入了稳定期，做好当下的工作，做好自己的教学事务即可，对专业也没有更多的追求。谁知一个偶遇，开启了另一番教育的天地。

二、职业精确期：与共同体相会

> 成长是生命唯一的奖赏，"新网师"不仅是专业的提升，更有精神的丰盈和意志的磨炼。
>
> ——郝晓东

2018 年 7 月，由"镇西茶馆"牵手"新网师"，从此便卷入共同体的学习中。这改变了我的学习生活，更新了学习节奏，开启了新的教育教学征程。

（一）邂逅"新网师"，开启知性阅读

踏进"新网师"，学习讲师王小龙的课程"教师专业阅读"，了解了知性阅读的方法：学习带着钻研的性质与经典书籍对话，并根据自身的经验和逻辑进行个人的书写。

在啃读中，在打卡中，在讲师的授课中，我走进阿德勒的《儿童的人格教育》，了解儿童人格形成的原因及影响因素，理解自卑和超越的关系；学习《教育学经典解读》，聆听导师提炼的十二个关键词——目的与节奏、遭遇与危机、空间与时间、气氛与信任、语言与深描、自卑与超越的意义；学习《静悄悄的革命》，理解能动的被动及润泽教室的共建；学习《人是如何学习的》，走进学习的三条法则及四个中心环境的创设……

（二）打破过往余温，理解教育本质

在"新网师"的学习体验中，我不断感知、理解教育的本质，领悟其中的教育真谛。

首先，知识观的转变更新思维。怀特海认为学习不是为"求知而求知"，不应是"为知识的教育"，要防止"呆滞的思想"。博尔诺夫认为"教育必须以尽可能地全面与完善为目标"。完整而健全的教育，不应当只是一种知识教育，而应当是包括知识在内的文化教育，我们应该多一些"批判性思维""决策能

力""问题解决""自我调整"之类的高阶认知能力。

其次，课程观的学习活出新的思考。课程要体现生活性，回归生活，因为"教育只有一个主题，那就是五彩缤纷的生活"。要体现应用性，能用在当下。"知识贵在运用于当下"，课程的学习不是碎片化、僵死化的，而应该是结构化和主题化的，能与其他东西融会贯通。正因如此，作为幼儿教师，就要追随孩子的兴趣与需要，建构课程，实施教育，在活动中准确把握"浪漫—精确—综合"的节奏，努力创设活动开展的条件，建立"真实的希望"，让幼儿拥有安全感、归属感和自己的价值体现，处处体现"活"教育的思想。

最后，教育观的重构推进学习的深度。教育孩子，首先要给孩子丰富的浪漫，激发其学习的兴趣，拥有教学的勇气，充分相信孩子、相信自己，无条件信任孩子。在"对话"中不断体验、尝试、重构，创建润泽的共同体，这样的学习才是深度的学习，才是孩子需要的学习。

（三）理论指导实践，由千朵玫瑰带来的黎明

学习是为了更好地运用，否则只是纸上谈兵。在工作中，我把"新网师"的阅读所获及时服务于幼儿园的教育教学。

在理论学习中，分享了"儿童的人格"形成、四个错误行为的目的及策略，让老师们走进儿童心理，理解儿童、支持儿童；交流了"登山型课程和阶梯型课程"，启发老师们用综合学习的方式促进课程推进；讨论了"儿童是如何学习的"，用建构主义的理论指导我们的教学。

在听课中，受佐藤学先生理论的指导，我不再坐在最后一排观看教师的教学，而是坐在孩子旁边，从孩子的角度去倾听孩子的学习及教师的应对。

在课堂中，努力创设平等、对话沟通的氛围，放手让孩子围圈而坐，与孩子一起游戏，一起交流讨论。

在家长会中，我和家长交流孩子阅读的重要性，用蒙田的"知识与大脑"、苏霍姆林斯基的"第二套教学大纲"、怀特海的"浪漫—精确—综合"教育节奏、郝晓东老师的"童话与寓言"等理论和思想启发家长有新的思考和行动。

在学习讲座中，我积极思考，不是被动地倾听，而是边倾听边画导图，一场讲座结束后，我的导图也成型了。

在好书共读中，我把"新网师"的小打卡应用在单位共读中，带领老师们进行专业书籍的阅读学习。现在幼儿园的打卡已经推进了 1300 多天，相伴老师们一起阅读，一起画导图，不断进行阅读和书写的精进。

（四）在承担中成长，在挑战中穿越烟帷与暗林

在"新网师"，只有上路前行，方有意义。一切美好的愿望不是在等待中拥有，而是在奋斗中争取。

首先面临的是作业书写的挑战。记得吴亚平老师曾在打卡日记中回忆大作业的书写："经历三个下午的奋战，晚上几个小时的收尾、检查、制作封面、添加附件……9926 个字。"何刚老师也说过"写作业犹如怀孕生孩子一般"。其实我的作业书写何尝不是如此呢？

回顾"新网师"的学习，五门课程的学习加上课程过关大作业，共经历了 48 次的作业书写，共计 235583 字，优秀作业达到 36 次。占用的多是周六、周日的休息时光，在经历一次次折磨后体验着挑战自我的乐趣。

其次是撰写实录的挑战。乔治·巴顿曾说，接受挑战，就可以享受胜利的喜悦。2020 年的暑期共读，我带头承担两次共读活动的第一次实录撰写。王小龙老师领读的《新教育实验专业阅读地图》，在赵金凤老师整理的基础上，我创新性地以表格的形式进行梳理，一直忙到夜里两点，整理好 10930 字的记录。徐明旭老师领读的《圣经的故事》整理起来难度更大，我克服种种困难，经过五个小时以上的梳理，又开创了另一种记录方式，之后的共读记录基本是沿用我的记录模板。在这两次的撰写任务的承担中，既有"赠人玫瑰，手留余香"的美好，又能对课程的理解、内容的梳理和文章的结构有进一步的认识。

在"新网师"五年的坚守中，有过困难、有过委屈、有过抱怨，甚至还有过退缩，每当遇到困惑或沉重的包袱时，你需要英雄之旅的勇气，更要有始终坚定的信心，这力量就来源于我们心中的那盏明灯。

三、职业的展望：驶向第二次"生命"

不休不止，向着一个目标前进，这便是成功的秘诀。

——安娜·巴甫洛娃

（一）现状分析，告别自我的迷梦与空幻

回顾自己的职业生涯，我发现自己有许多需要改进的地方。

第一，缺少学习的深入。就如《人是如何学习的》第二次作业"认识表征的书写"中，曾被郝晓东老师这样点评："表征成了一个筐，什么都能装……"看到老师的评语，那种自以为的思维假定被郝晓东老师点醒。再次回顾自己的书写并学习方娇艳老师的作业，我明白了自己作业中的不足。自己学习的状态，虽投入但还不深入，看似理解但还未真正理解。

第二，缺少教学的勇气。记得2020年工作中的一波三折，面临单位的在编老师分流，如果真的开启小学的教育生活，我又有多少勇气与自信站在小学的课堂上呢？嘴上常说的跨学段、跨学科的学习，真正实践起来我能胜任吗？此时的我不仅缺少跨学科的知识理论，更缺少教学的勇气与挑战，还是喜欢躺在舒适区安然过着当下的生活。

第三，缺少思维的创新。固定思维和成长思维是两种不同的思维假定，我们如何看待自己的方式在很大程度上决定了我们的未来。我们都有自己的看法、意见和观念，当遭到质疑时，不由自主地会为自己辩护。事实上，我们所据理力争的只不过是自己的思维假定，这时就需要成长思维为我们提供支持。在《人是如何学习的》学习中，第一次组织的作业点评就遭到王小龙老师的质疑并得到帮助，事后也在思考，自己还是缺少创新思维，仍停留在传统的固定思维的束缚中。

（二）立足当下，向着教育中的晨星

面对不足，逃避无用，唯有直面挑战，迎难而上。我决定在这些方面提升：

第一，拥有真实爱的能力。郝晓东老师曾说教育需要爱。从教师专业角度来讲，爱不是一种情感，而是一种能力。有爱心的教师应该对错误零容忍，对灵魂无限呵护。我们掌握爱的能力的同时还需多学习多修炼，既做好教室的掌灯人，又做好家庭教育的引路人。

第二，做教育的思辨者。经典是经得起考验的。大家们对教育的解读有深刻的思考和洞见，渗透着现代教育应秉持的观点和立场。但它们并不是万能钥匙，并不能把任何问题都用框架来套，而是要跳出理论看问题，具体事情具体分析，具体对待。

第三，做教育的开创者。我虽学习着经典，但还不够深入和内化，品着哲人的思考，借着导师们的拐杖，也要静下心思考：作为教育工作者，何以为自己？何以为教育？我能书写出自我的教育、自我的风格、自我的人生吗？这条路虽遥远，但有方向就会有动力。

感谢"新网师"搭建的学习平台，我在共同体的学习中又得到了跨越性的提升，江苏省教育厅的"江苏省教学名师""宿迁市拔尖人才"等都是我不断学习获得的专业奖赏。同时，我也不断尝试新的挑战，成为"新网师"幼教课程讲师，带领全国各地的幼教老师一起共读、共学、共同成长进步！

于漪老师说："一辈子做教师，一辈子学做教师。"愿在"新网师"指引下，在不断地啃读、实践、收获中，走好教育之路，力争成为一名既有文化又有知识的智慧教师，逐渐向"综合"阶段努力前行！

（工作单位：江苏省泗阳县幼儿园）

用热爱开创生命的无限可能

何　刚

一、路在何方

我的家乡在四川的一个乡村，小学是在一个破旧的地方，童年是在一个没有书籍的荒漠里混过的。为了跳出"农门"，我在初中最后一年考上了师范学校。读师范时，除了完成功课外，就是练习"三笔字"、普通话、简笔画……什么文学、艺术于我遥如星辰。我对其也产生了天然的畏惧，图书馆里常借的书都是篮球类的。

三年后，19岁的我回到了乡镇的中心小学。我向校长再三申请教数学，但当时语文教师紧缺，学校非常信任地将二年级一班的语文教学兼班主任工作交给了我！学校只给了我一本教材和参考书，刚入职的我心中无比惶恐。没有任何人指导我，更没有人来听我的课，我该怎么办？每天晚上，我总是孤灯奋战，备课至深夜，从上课的第一句"同学们好"一直写到最后一句"同学们再见"。一学期后，四个备课本居然都被我写完了。当听说学生的成绩由全镇倒数第二名变为货真价实的第二名时，我非常惊诧，也非常高兴！学期结束后，我就调到了县城的师范附小，60个小家伙知道我要离开，跑到我的宿舍哭了一场！

资中师范附小——这个县城小学让我望而生畏。读师范时，我就听闻这所学校有几位老师很厉害，他们敢在一千多人面前上公开课，他们仿佛在云端，而我望尘莫及。

1996 年的春天，本以为迎来了新的曙光，接踵而来的却是一个又一个困惑：当我走进这所学校时，发现许多老师正集体逃离这所让人向往的学校。有的到县政府任职，有的到成都名校任教，有的到深圳下海了，我困惑不已。

有一次，我主持全校活动，平生第一次站在那么多人面前，脚一直颤抖，耳畔一直嗡嗡响，拿着话筒，却把台词忘了，全场的哈哈笑声，像子弹一样扫射着我。

每月二三百元的工资，总是入不敷出。那时，我心里天天想到的不是站稳三尺讲台，而是迫切希望在大千世界寻找一个办法来撑起囊中的自尊。那时，我的教育生活只存在于早上 8:00 到下午 4:00 的上班时间，迷迷茫茫，七年时光匆匆而过。

路在何方？一片迷茫，但有一个想法非常坚定——必须出去，必须突围，或出去学习或另觅他路，一定让自己独立！尤其是经济上的独立！我也终于明白那些名师出逃的原因。

二、寻找一束阳光

2002 年，我来到四川教育学院中文系，在汉语言文学专业脱产学习了两年。即将毕业之时，恰好遇到 2004 年四川省课改骨干教师培训在这里举办。近水楼台先得月，我每天到礼堂听免费的讲座。

有一位老师深情地讲着他的教育故事，所有老师都被深深地吸引住了！我听后迫不及待地买了他的著作《爱心与教育》。伴着眼泪读完这本书，我思考了许多：教书七八年从来没见过这样的老师，也从没有见过这样的书，更没有听过这样的故事。我才明白教育不只是家乡的版本，教育需要爱心、耐心、童心，更需要智慧，教育可以诞生美好！

突然，前方渐渐有了一幽微光。虽影影绰绰，但引诱着我向前，我发誓一定要成为像李镇西老师那样的老师，接着又读了他的《走进心灵》《李镇西与语文民主教育》。

三、让教室的空间流淌着故事

2004 年从四川教育学院毕业后，我成功应聘到了成都一所民办学校。这是我教育生活真正的起点，也是我成长的舞台。我用李镇西老师的《爱心与教育》中的思想建设班集体。我的第一个班取名为"蓝海之家"，等他们小学毕业后，我继续带他们到初三，一直沿用这个班名。我希望我的学生有大海般宽广的胸襟，有大海般浩瀚的知识，有大海般无边的幸福。班级的座右铭是"让人们因我而幸福，让世界因我而精彩！"我和学生一起制定班规，每月评写作之星、阅读之星、智慧之星、进步之星、艺术之星。与他们一起欢笑一起流泪，一起写班级日记。我在一次写作公开课上写了一篇下水作文，让学生们感动不已。

回忆至此，内心还是非常激动。因为它不仅标志着我成功的开始，还将我成为一名特级教师的梦想点燃了。我是多么的幸福，因为我不但成功过，而且还有更多的梦。

第三个班——阳光家园，第四个班——致远轩，每个班都有故事。我做不到像李镇西老师那样天天写教育日记，但是我能把教育最美的点滴都记录下来，并且总能在成都市德育论文评选中获得一等奖。教育就是一个梦，就是一首诗，我全身心投入进去，与学生一起筑梦，一起编织诗。

李镇西老师曾在书中写道："我教育生活的第一缕阳光是苏霍姆林斯基。"于是，我就买了苏霍姆林斯基的书《给教师的建议》。书中提道："一个学校可以什么都没有，只要有了为学生和教师精神成长而准备的图书，那就是学校。"从来没有任何人对我说过这样的话，仿佛唤醒了我内心的某些东西。

我立刻明白了，我的教育成长路必然是一条阅读之路。后来，我的书柜中有了苏霍姆林斯基的《帕夫雷什中学》《和青年校长的谈话》《苏霍姆林斯基选集》等书。

当我读到《帕夫雷什中学》中的这段文字——"每幢教学楼都有自我服务用具的储藏室……这样洁净的校园环境不仅有益学生的身体健康，而且环境本身会对学生产生一个无声的教育"，我明白了，应该把学校建设成师生的"精神家园"。这所学校位于乌克兰基洛夫格勒州的帕夫雷什镇上，坐落在一个大村庄边上。1947年，苏霍姆林斯基（29岁时）被任命为该校校长。他在23年任期内进行了大量的教育实验，把这个中学建设成为全国模范中学和闻名于国际的实验学校。

有一年，在网上偶遇"教育在线"，发现了美好教育另一片广阔的天地。我陆续买了朱永新老师的《我的阅读观》《新教育》《新教育之梦》《写在新教育的边上》《致教师》。我深深地迷恋上了新教育的"十大行动""新教育的理想课堂""新教育的完美教室"……

因此，我与学生打造了"致远轩"这个"完美教室、幸福班级"的大家庭，我们的教室从学生入学开始就一天天变得漂亮起来。

一尘不染的黑板左边是"三省吾身——每日八问"，希望学生们能真正地做到晨诵、午读、暮省。右边是我们的"全家福"，照片上方是班级愿景："宁静致远，知新致远，弘毅致远，责任致远"。班训："让人们因我而幸福，让世界因我而精彩！"这是致远轩的精神追求，也是致远轩的人格标准。

教室右墙壁，最前方是书法作品，出自《荀子·劝学》："锲而舍之，朽木不折；锲而不舍，金石可镂。"其后，是两块文化长廊，一为"致远风采"，展示学生的作品与精彩瞬间；一为"硕果累累"，张贴学生的喜讯与奖状。我们将用精彩充实的日子来抒写我们的骄傲与自豪。

教室左墙是两个巨大的玻璃窗，被学生擦得干净透明。防护栏上挂着十来盆学生从家里带来的绿油油的吊兰。

教室后门进门处是我们的三门书柜，书柜旁是郁郁葱葱的龙血树，书柜顶上有三盆绿色的杜鹃花。后墙中间是学生小组轮流创办的黑板报。后墙角的空调机上摆着一盆芦荟，旁边是手掌般叶片的橡树盆景和四盆小盆景。紧挨着空调机的储藏室里整齐地摆放着卫生工具。

步入我们的完美教室，仿佛走进了五星级酒店。一间白色墙体的教室真的变了魔术，成了师生的家园。朱永新老师说："教室是图书馆，是阅览室；是实践场，是探究室；教室是操作间，是展览室；是信息资源库，是教师的办公室；是习惯养成地，是人格成长室……是共同体成员学习、生活、成长共同的生命栖居室。"正如美国著名教师雷夫说："教室的魅力取决于教室里面的空白处流淌着什么。"

我默默地在这所学校努力地工作着，但也有许多遗憾，我曾在一篇文章中写道：

可是现在，读书与写作的时间被生活与工作的忙碌消融，被"应试"这个终极目标占用了。看到学生一副愁眉苦脸的样子，我心里太难过了。时间没有给我许多智慧，只有整天的琐屑与满地鸡毛。在应试的教育中焦虑着，孤独而悲壮地抗战着……

四、教育生涯的拐角

有一天，校长找我。我忐忑不安地走进办公室，以为自己做错了什么事。结果却让我受宠若惊，学校任命我担任"教学副主任"。于是，从 2012 年开始，我承担了班主任、语文教学和行政工作。这几年，我一直勤勤恳恳地工作，一天到晚忙得仿佛一个永不停息的陀螺。

做了两三年，我终于发现我的才华不能支持自己的梦想，何况是一校之发展！怎么办？我疯狂买书，疯狂读书。李希贵的《面向个体的教育》、新教育研究院编著的《中国著名校长办学思想录》和《中国著名特级教师教学思想录》、《陶行知教育名篇》、周毅和向明合著的《爱满天下——陶行知文学传记》、李建平的《中国教育寻变——北京十一学校的 1500 天》、佐藤学的《静悄悄的革命》《教师的挑战》和《学校的挑战》、吴非老师的《不跪着教书》《致青年教师》和《课堂上究竟发生了什么》……书买回来了，但每天忙至晚上九十点才得空翻开书。读不了几十分钟，上下眼皮就开始打起架来，许多书被我翻了十多页就放进了书柜。

我希望能在学校改变一点什么。我用问卷星制作教师专业发展调查问卷，我向学校申请成立教师专业发展共同体，并建议学校加入新教育实验和大力改革教师评价制度……可是，这些想法仿佛是飘在空中的云，看似美丽，却始终不能落地。

不能兼济天下，必须独善其身。我始终坚持不能丢掉自己的专业土壤——语文教学。之初，看了李镇西老师的书就学习他的民主课堂。任教小学时，我一直订《小学语文教师》杂志，在里面我了解到了许多特级教师。我听了王崧舟老师的课就学他的诗意语文，听了孙双金老师的课就学他的情智语文，听了于永正老师的课就读他的《教海漫记》。

2007年任教初中语文后，初中的教材让我感觉自己站在一座大山的山脚下，学科专业知识与教育心理学知识的贫乏让我深感无力与渺小。初中的许多课文我都不知该如何解读文本与设计教学，但我又不相信那一本本可以照本宣科的教案，因此花费许多时间才能搞定一课的教学设计。如果要上公开课，我几乎要提前半个月做准备。刚教初中的三年里，我买的有关语文教学的书也渐渐地多起来，但读得也非常随意，所得有限。

五、向教育更深处漫溯

2012年，我无意中发现了新教育有关语文课堂建设的成果——理想课堂的三重境界，从此，我对语文教学有了全新的认识。

理想课堂三重境界的思想观点深深地影响了我，也改变了我，让我的课堂一直朝向深度教学。第一重境界：实现"有效教学框架"规定的教学内容。第二重境界：据此内容发掘知识的内在魅力，让学生获得求知的快乐。第三重境界：实现课堂知识、师生生活与生命的深刻共鸣。这三重境界让深度教学有了路径，有效教学框架的六个部分，就成了实现深度教堂的脚手架。我在教学中不断地摸索与实践，上《风筝》《皇帝的新装》《那树》《秋天的怀念》的公开课时都深得大家的好评。

我逢人便介绍这一思想，许多老师与专家都眼睛一亮，但在2017年却遭遇了一次尴尬。学区以同课异构的方式举行教学比赛，比赛分为课前教学主张陈述、课例展示、课后评课三个环节。我代表学校陈述了我们的语文教学主张，几乎完全照搬了"理想课堂的三重境界"的理论思想。我非常自信地认为我的陈述一定能让大家心悦诚服。结果四五个评委一脸茫然，一位稍稍年长的专家一阵讪笑："你所陈述的，我根本没有听懂。这样的教学主张不接地气！"

虽受到了质疑，但在平时的教学实践中，我从未想过放弃，自然地朝向三重境界进发。我的内心深感孤独，也充满疑惑。我一直勉励自己"虽不能至，心向往之"。

六、遇见"新网师"

我用汗水把自己从一个在及格边缘的语文后进生变成让学生喜欢的语文老师。

渐渐，奖状积有一叠，高级职称握在手，从小学教师成为教导主任，工作也从教学延伸到学校招生、教学管理、学校安全、写宣传稿、四处开会……

忙着忙着，十几年过去了。

2019 年，年过不惑的我，不断叩问内心：是否今天重复昨天，明天重复今天？是否在琐事中匍匐着身子？在庸常中丢失了灵魂？模仿每个专家名师，是否一直活在他们的词汇中？文章小奖不断，是否有自己专业的声音？书上千册，是否成了一个啃读者？职称证书里写上了高级，是否有专业成长的痕迹？成为教导主任，是否有领导力？

……

我越来越发现自己在语文课上耕的是他人的田，却荒了自己的地。我记得这样一句话："庄稼被耽误了只是一季，学生耽误了却是一生！"想到自己的不专业，想到今天活成昨天的样子，我必须改变！

我看到"50 后"的马增信老师、"60 后"的郭小琴老师加入"新网师"都在啃读、在写作，都找到了事业的春天！郭小琴老师说："我加入'新网师'就是不愿随随便便地老去。"

我下定决心："我必须加入'新网师'！"

2019 年，我断断续续地写阅读史，经过大半年修改，终稿 26513 字！最后，"新网师"收留了我！

进入了"新网师"，简直如一个初嫁的姑娘，兴奋，激动，紧张……我深知自己基础差，底子薄，要学好，唯有一条路——勤能补拙。

我在"新网师"学习常常是晚上 9:00 开始。工作一天的自己，回到家时，精疲力尽，可书桌上的书等着我。日记写了一个月了，不能断啊！写了一年了，一定要坚持啊！到晚上 10:00，常常看着看着，眼睛就耷拉着了，疲倦了就写，渐渐地，在青灯黄卷之中，用文字修筑起自己的精神小屋。

我常常站在 0 点的分界线上，与今天挥手告别，再和明天握手拥抱！家人常常批评我睡太晚，会影响健康。我告诉他们："不阅读不写作更影响健康！"

自 2019 年秋，我选修了"中小学语文课堂教学设计""给教师的建议""整本书阅读""中国哲学十九讲""中学语文理想课堂""中小学课题研究""民主主义与教育"等课程。

在"新网师"五年了，如果我有一寸的生长，都归功于"新网师"。现在的我，没有继续学习课程了，但"新网师"给了我一把成长的金钥匙。

30 岁以前从不读书的我，在这五年读了一百多本经典书籍，并且永远会如饥似渴地读下去。

30 岁以前从不写文章的我，在这五年写了一百多万字，还有两本专著即将出版，并且永远会写下去。

30 岁以前从不敢在台上发言的我，随时都能站在舞台上。

……

"新网师"让我遇到了生命中的重要他人——郝晓东、刘广文、冯美娣、刘丽赏、刘恩樵、胡新颖、刘莘……他们简直就是一团火，能照亮自己，又能照亮他人。我一直纳闷：他们哪来的燃料？总是熊熊燃烧，让我们每次听了课浑身都是劲！这样的人，很少见，遇到这样的高人，也是一种幸运！

遇见"新网师"，我越来越明白，成长是用热爱和生命一个个书写出来的。修行必独自远行，伟大随寂寞诞生！虽不能至，心向往之！

七、我的读书会成立了

我一直认为，成长的高光时刻应该是"新网师"组织的共读。

2021年五一，我千里迢迢到郑州参加了"新网师"组织的共读，这是生平第一次，共读书是帕克·帕尔默的《教学勇气》。

2021年暑假，参加成都共读，整整6天，共读了《非理性的人》和《卓越密码：如何成为专家》这两本书。

2023年7月，我带一家人奔赴厦门，共读《尼采与形而上学》。

2023年8月，我带着五位老师，加上我儿子，共赴旺苍，共读《传习录》。

如果你问我共读的意义何在，我会这样告诉你：朴素而隆重，宁静而悠远，深感不是去读一本书，而是去相遇一群有趣的灵魂，去为理想朝圣，去借一束光照亮前行的道路。

从郑州归来，我下定决心要创办一个属于自己的读书会，将学校里渴望成长的老师们聚集在一起。于是，新世纪常春藤读书会就诞生了，每周五晚，夜幕降临，学校空无一人，三楼会议室的灯光却格外明亮。我们九名老师围坐一起，共读一本书，风雨无阻，从未间断。

去年4月23日，"新网师"授予我们"新网师温江线下学习中心"的牌匾，我们齐聚一堂，庆祝常春藤读书会成立三周年。

我们为每位成员准备了三个特别的礼物：一枚徽章、一本成果集和一本哲学入门书籍《大问题》。在编辑成果集的过程中，我不禁回首过去三年，那些共读的时光历历在目，还记得，2021年5月刚成立时，只有九位老师，还包括一位家长和我的妻子，我们共同走过了三个春秋。

这三年里，我们共读了十本经典书籍：《走出大漠的女孩》《特别的女生萨哈拉》《高手教师》《理想课堂的三重境界》《教学勇气》《改变教育的十二个关键词》《卓有成效的管理者》《小王子》《追求理解的教学设计》《教育的目的》。

在庆祝大会上，老师们分别发表感言，余小霞老师说："加入常春藤，我知道了相信种子、相信岁月，也应该相信自己；加入常春藤，我知道了教育没有魔法，为师者却可以掌握科学的方法，成全别人，也成全自己；加入常春藤，我知道了，我没有那么糟糕，也没有那么优秀，但我只要用心，我可以在未来的一天变得很优秀；加入常春藤，我很快乐，快乐在洞察真理里，快乐在激情探究里，快乐在互相辩驳里，也快乐在默默倾听里。"

我们的书籍和活动得到的支持十分有限，还有许多人质疑我们："你们读书有什么用？我也没看到你们读书有什么进步？"

我们往往只保持沉默。

因为我们知道，我们读书的目的不能用直尺来量，不能用天平来称，更不能换成人民币！

我们也知道，我们不是在现实之外建设一个精神的他处，不是与办公室同事格格不入，只是希望用经典照亮自己的生命，站在巨人肩膀上成长，就是希望大家互为光，互相借力，在专业面前享有自由与尊严。

三年共读，每个成员都在成长，都获得了许多金灿灿的奖状。有七位老师考过了"儿童阅读指导师（初级）"的认证资格，江霞老师、刘彩凤老师和周苏老师已考过"中级"认证资格；获得区、市、省级的论文评选及荣誉近50项；区级课题、市级课题、省级课题各一项，都成功立项；参加"新网师"组织的全国生命叙事征文比赛获"十佳"的文章有三篇。

去年7月，我们读书会成功立项了一个省级课题"基于新教育'三专'理论的中小学教师专业发展的实践研究"，希望用任务驱动成长，用困难逼出英雄，本学期已开始了研究工作，并预设了三年的研究成果。

我们的读书会是一种幸福的遇见，也是热爱的代名词。如果获得丁点儿成绩，都是热爱的额外奖赏。

我们的读书会才刚满3岁，像一个刚落地的娃娃，从头到脚都是新的，但这个孩子一直生长着，并有无限的可能性，我们要把"想得到的美丽"变为"看得见的风景"，最后抵达"走得到的景点"。

我们相信，在读书会中，大家会汲取一股力量，共同书写属于我们的精彩篇章！

八、开创生命的无限可能

2023 年 5 月，学校聘请我到别的校区去担任执行校长。我听后，既激动兴奋，又忐忑不安。如果出于私欲，为了诱人的报酬，我就毫不犹豫地应承下来，对于一位渴望事业成功的人来说，是千载难逢的机遇；对于一个有社交恐惧症、不擅长行政事务的我来说，却是无法预测的冒险。茨威格说："所有命运馈赠的礼物，都已在暗中标好了价格。"于是，我内心挣扎，冷静分析了近两周。

是的，我一直渴望拥有一所学校，有财权，有人事权，能像李海林、王志江校长一样把理想的教育做出来，但是，我似乎仅仅停留在"想"的层面。

有得必有失，如果我做了校长，我将彻底走向管理这条陌生的道路，脱离教学一线，把教了近 30 年的语文放下。我想，一位教育人如果失去了教室，失去了教学，就像鱼失去了水，花朵失去了土壤，我害怕失去了事业的基石。再评估自己目前的能力与水平，以这样的认识、心态、水平和经验远不能胜任一校之长，自己的不确定与不坚定可能会给学校的发展与未来带来巨大伤害和损失。我深知，我还没有做好充分准备，这样的天机，于我不是机遇，而是一种诱惑。要配得上上天的礼物，就必须做长久的准备，不停地打磨自己的德与才，直到哪一天发出微光，自然能吸引上天的青眼，获得额外的奖赏。

于是，我婉言谢绝了学校。

6 月，我提交了新教育苏州大学明师班学习项目的申请，这个班旨在培养"明日之师"，造就一批能够在未来基础教育领域发挥示范引领作用的领军人才。如果通过层层选拔，就可以免费参加这个公益培训项目。

我向评委会邮寄了近五斤的材料，加上郝晓东老师推荐的加持，在第一轮审核中，我通过了。

第二轮面试落选了！听郝老师说，从几千人进入第一轮的城市和乡村八十几位校长与教师是不容易的。至于最终的结果，我早有预估，只是非常遗憾，失去了这么宝贵的学习机会。也明白了世间的运行法则：以一当十，才是真正的本事；堆一座山，没有价值，也是垃圾。

7月，一则招聘启事吸引了我，北京师范大学某附属学校向全国引进优秀教师：安家费20~25万，工资上浮20%，入编，每年额外奖励3~4万……并且在风景如画、环境宜人的海南，对于厌恶冬天的我，那可是朝思暮想的养老之地啊！而且，这所学校是海南数一数二的名校。

看条件，都符合！我蠢蠢欲动，再看引进名额，全国只招聘一名初中语文教师，一下子就蔫了！算了吧，全国只招一名，我怎么可能呢？但心有不甘，于是，我按照要求认真准备材料。

7月29日，接到了电话：通过面试，排第一！我的名字也公示在了网站上，一家人都为我感到高兴！

于是，我向学校提交了辞职报告。

回到家，看到年过古稀、满头白发的父母，如果我走了，谁来照顾他们呢？随我离开家乡漂泊20年的妻子，又像蓬草飘向何方？儿子马上高二了，到海南只能考民办大学。我的常春藤读书会下学期怎么办？我如何向他们告别？我班上的30多个孩子怎么办？我曾发了誓，要把他们带到毕业的！

我是不是太自私了？是不是被自己的茧房锁死了？是不是太狭隘了？但是，我千里迢迢去面试，为了什么呢？是为了纯粹的理想主义？为了去远方寻找梦想？如果现实与周遭都不能支撑自己的理想，还能在远方去建一个梦吗？这岂不是海市蜃楼？

我是为了考入编制寻求安全感吗？一位名人曾说："鸟儿的安全靠的不是树枝，是自己的翅膀。"是啊！生活与精神的归宿，不再是找一棵大树给我们遮风蔽雨，而是自己应成为一棵大树，并持续、竭力给家庭与组织提供秩序和稳定，要用自己的确定与强大把不确定性挡在外面，把风险排除在万里之外，并不断提供快乐与幸福的养料。

一个人，来到这个社会，成为家庭的一员，成为组织的一员，就要担当起自己的责任与使命。一个家庭、一个组织就是一个大生命，你中有我，我中有你，要做的是互相成全，美美与共，已经没有"你"，没有"他"，没有"我"，只有"我们"，必须把自己融入到世界中去。

于是，我放弃了。

这几年，每天都会有一些故事发生，一些故事像风一样拂过，一些故事像一块石头，重重地砸在湖里，荡起一圈圈涟漪。每天，生活都会给我出许多难题，让我做出选择，常常都是非此即彼的。

这些年，我的生命面前为什么摆着如此多的重大抉择，我发现自己十几年的努力没有白费，我拥有了选择的能力！

我将继续升级自己的选择能力，去开创生命的无限可能。

九、用写作来定义自己的生命

魏智渊老师每天写"海拔五千"，郝晓东老师每天写"早安新网师"，书写，就是他们的生命。自 2019 年开始，我也每天写啊写啊，这几年，估计一百多万字是有的。

这几年，我用"写"来定义我的生命。

连续四年，我的生命叙事忝列全国"十佳"，让我卑微的生命又增加了行走的力量。忙碌的工作不会给我专属写作时间，很多时候是这样的，晚上10：00，下班后，边走边掏出手机，开始写，一个字一个字地敲，记录着，车开出地下室，只要遇到红灯，又拿出手机写起来，每天的日记都是，在夜幕里，从学校写到家里，把早上从家里到学校的生活、学习与工作一一记下来。

记得 2023 年 8 月 24 日，在学校加班到凌晨 3：00。这一天，停更了。于是这天觉得像没有洗澡一样，浑身都是脏兮兮的。

又有一天，一个朋友心怀好意地劝我："何刚，你太单纯了！什么都敢写！你得罪人了！"

就像当头一棒！于是，每一个文字不再是从心里流淌出来的溪水，而是排队在门口等候我审查的"疑凶"。那一段写作的日子，会不由自主地把一切真实的想法连同自己的舌头咬烂吞下去，把一切渴望的行动连同自己的双手敲碎扔到文字之外，然后，用一些言不由衷的、肥腻的文字去营造一片皆大欢喜、温情脉脉的土壤。

但是，如果不能完整地彰显一年 365 天的每个时刻，书写还有什么价值呢？我又怕什么呢？我本来就一无所有！

不管如何，我要继续写下去，否则我的生命将枯萎，意志要求我的生命不甘平庸，每天必须审视自己，不断重估自己的价值，生命的卑微不影响我活得精彩，写得精彩。

我敢保证，黑夜赐予了我力量，每一个文字都带着我的体温，沉淀了我的思考，记下了我的脚印，磨炼了我的语言，给了我片刻的安宁与稳稳的幸福。

一日叙事又持续 500 多天了，2024 年元旦，我整理 2023 年的流水账，终于把全年的所有日记——364 篇搬进了 Word 文档，分上中下三部分，成就了我 2023 年一日叙事集，合计 30 多万字，并为我所爱而命名《流向高山的河》，我的文字就是我的生命之河，它不再流向众望所归的大海，因为大海是一个高贵与庸俗的集合体，是一个纯洁与肮脏的混沌体，我将流向高山，那儿有峭壁的花草，有孤独的白云，这是我生命的纪念。

在班上，我与孩子们一如既往地共写随笔，每天轮流写，轮流读，轮流点评，每天聚焦于一件事、一个关键词。每节语文课的第一件事，就是分享随笔，谈理想，谈压力，谈考试，谈"早恋"，谈学习负担，谈父母的教育，谈 ChatGPT……孩子们由羞涩到自信，由无话可说到滔滔不绝，由杂糅到清晰，从两本厚厚的随笔中，从那歪扭调皮的文字里，可以照见孩子们的语言和思维能力噌噌地长高，我时常会惊艳地大赞他们，有时也会口若悬河地加以评论，孩子们喜欢极了，这简直是我们的节日，大家被一股力量吸引着，目不转睛地盯着我，这是教师最大价值的体现，也是我幸福的源泉。所以，在我的教室里，看到每张脸，无论是黑黑的，圆圆的，红红的，白白的，稚嫩的，长满痘痘的……都是那么可爱。

去年暑假，我把儿子也叫上，一起共读，一起写作。于是，他的随笔集《行走在 2023 的夏日》也印出来了，这都是他跟随严盈侠老师学习《红楼梦》课程写的人物评论，到厦门跟随干国祥老师读"尼采"，到旺苍跟随郝晓东老师读《传习录》写的随笔，文字不多，也较稚嫩。但当看到一本心爱的小册子放在桌上时，心里还是升起了莫大的欢欣。

我的开心是翻倍的，写作路上又多了更多的同行者，并且，他们是我亲爱的学生与心爱的儿子。

　　我不断地写，用写来安慰自己，让自己在这纷繁喧嚣的世界不迷失自己，用写来安顿自己，书写就是创造，为自己创造一个精神家园，让自己的灵魂回到故乡。

　　正写着时，出版社来了好消息，我打算出版的两本书《教师阅读的力量》和《书写教育的生命传奇》有进展了，近期一定出版。这两本书，20多万字，是我加入"新网师"这三年用我的爱与心码出来的，对于他人，可能是垃圾，对于我，敝帚自珍。

　　在书写这些文字时，昔日又徐徐地在我脑海里展开，没有大欢喜，没有大悲伤，就像一只打湿羽毛的鸟儿，被雨水囚禁，沉甸甸的生命已失去了飞翔的可能。但是，远方的高山仍在呼唤我，我有点不甘心，所以，我觉得生命的航道应变向了，我要成为一条静静的小河，不流向大海，而是非常笃定地流向高山，去与"山上的树"相遇，与闪电会合！

（工作单位：四川省成都市温江区新世纪光华学校）

愿以优雅度余生

马增信

密涅瓦的猫头鹰只在黄昏的时候起飞。

——黑格尔

加入"新网师"后，岁末年初，书写年度叙事已成为习惯。过去的一年，"超越"成为我生命的主题。当然伴随着超越而来的便是突破。我在职业生涯末期，依然执着地寻找属于自己的诗和远方。

2021 年，我 56 岁，离国家规定的退休时间只有短短的四年时间了。2022 年"新网师"的课程大作业比较特殊，需要撰写自我职业生涯叙事。在这个时间段写自己的职业叙事，有点不合时宜。三毛曾说："我来不及认真地年轻，待明白过来时，只能选择认真地老去。"用这句话表达此时的心情，是再恰当不过的。

一、回首 50 年，人到老年也迷茫

每一片叶子，都有阳光和时间的沉淀。每一个日子，都需要热爱和努力去擦亮。

1984 年 7 月，我中师毕业。原本是想听从母校的召唤，回家乡的一所中学任教的。虽然那时我对职业并没有清晰的认识，但能够上班挣钱还是非常期待的。但毕业前，当时的德州地区行署到我校选拔优秀毕业生，我幸运入选。这一次偶发事件，没有改变我的命运，却影响了我的职业选择。

之后的日子，我一直在等待上班的通知，但通知迟迟未到。后来了解到是当地一名记者举报德州地区师资流失，我们这批人大部分被退回原籍，等待上调。这时，距离毕业已过去了近半年。于是，在毕业后的第一个寒假前，我被分配到县城一所重点高中做职员。而那时，我还有一个作家梦，所以，大部分时间是买书，看书，爬格子，投稿。阴差阳错的是，我居然误打误撞地在省级刊物上发表了诗歌作品。这种偶然的成功也彻底让我的职业选择变得越来越迷茫。不过写作毕竟是一个需要天赋和机遇的事，我无头苍蝇式地乱撞，始终没有成为作家。而这一作家梦，也终于以 2008 年出版诗集《诗路花雨》画上句号。在这之后，我鲜有作品问世，我的作家梦也无疾而终。

等待上级调动的日子很无聊，而农村出身的背景，在当时的大环境下注定没有什么好的结局。1988 年 7 月，在上调无果的情况下，为了弥补没有上大学的遗憾，也为了拿一个像样的文凭，我参加了成人高考，考入省城一所教育学院，成为一个脱产进修的大学生。两年进修生活，教育理论的学习并没有给我留下太多印象，倒是文章写了不少，有教学方面的，也有文学方面的，有的稿件居然被中央人民广播电台录用。但这一切似乎并没有改变我的职业走向。1990 年 7 月，我完成进修任务，又回到了我就职的学校。这一次，我选择了教课，同时担任班主任。这一年，距离毕业已过去了整整六年。这六年宝贵的时光，我在教师与作家梦之间彷徨，职业生涯可以说是一片空白。

从 1990 年走上讲台，我的教学生涯过得还算顺利。教学成绩虽然不是特别出色，但完全说得过去。凭着自己的努力，我先后获得县优秀教师、市优秀教师等称号，2005 年，我走上学校中层领导岗位，一干就是 13 年。这一路看上去，顺风顺水，但我从来没有考量过自己的职业生涯，也从来没有反思过自己的教学之路。

2016 年 5 月，我遭遇到生命的至暗时刻。当时，我正忙于筹备儿子的婚礼。一次例行的体检，却发现脊椎中有肿瘤，而且情况不太乐观。为了不影响儿子的婚期，我和爱人商量，向家人隐瞒了病情。儿子结婚回单位上班后，我开始外出就诊。原本想在德州市人民医院检查后手术治疗，市人民医院的结果很快出来了：腰2-3椎体平面脊髓点位性病变，考虑室管膜瘤可能性大。考虑到手术的风险比较大，医生建议到省级医院手术治疗。当时，我虽然对病情有所了解，却没有理解医生的真实意图。我单纯地认为，只要是医生亲自给我讲病情，就没有什么大问题。等到了山东省齐鲁医院才发现，事情比我想象得要严重很多。术中要做加急病理，确定是否为良性，而且，手术已到了非做不可的地步，同时危险极大，术后恢复情况也不乐观。最乐观的估计，竟然可能会因此残疾！

2016年7月1日，经过漫长地等待床位、复查后，我被送上了手术台。术后情况出乎我意料：一是加急病理结果是良性；二是不需要进重症监护室，可以回原病房；三是术后恢复非常理想。7月15日，在家人的精心呵护下，我顺利出院。而且，是在爱人的搀扶下，自己走出医院的。当我看到久别的阳光时，泪水夺眶而出。世界真好，一切都是最好的安排。我，重生了。

都说伤筋动骨一百天，但因为学校工作繁忙，我只在家休息了40多天，8月底，我便选择开车上班了（当时身体情况无法骑车）。因为不能久站，我也因此离开讲台。2018年7月，我又辞去学校中层职务。我天真地认为，自己的职业生涯马上就要结束了，我甚至想好了退休以后的生活。

阿德勒在《自卑与超越》中说："每个人内心深处，都会有或多或少的自卑情结。"我出生在20世纪60年代的农村家庭，是家中的次子。由于家里人口多，劳动力少，日子过得一直很艰难。我从小的理想就是通过自己的努力，走出农村，谋一份能挣工资的工作，改变生活，改变命运。这种自卑感一直助推我刻苦学习并获得了一份职业。但如何经营好这份职业，我却从来没认真考虑过。阿德勒说：如果你不会游泳的话，怎么换游泳池也没用。茨威格也说：所有命运馈赠的礼物，都已在暗中标好了价格。不能从根本上认识职业的意义，只想把职业当成改变命运的工具，是注定没有好结果的。所以，现实中的家庭生活、养家糊口的压力冲淡了我对职业的思考，也成为我逃避的借口。人生第一个 50 年，可以说是在迷茫与逃避中度过的。

二、遇见"新网师"，做现代修行者

罗振宇在《启发俱乐部》中提到了一个词：现代修行者。这是一个新兴的创新阶层，包括设计师、工程师、手艺人、教育工作者、作家。他们的特点是通过自我完善获得竞争力。很荣幸，教师这个职业忝列其中。那么，怎样才能成为现代修行者呢？

阿德勒说："唯一正确的能够超越自卑的方法，是把自己的价值和社会的价值联系在一起。一个人的'小我'价值，只有在社会这个'大我'中才能实现。通过与他人的合作，通过关爱他人，然后才能实现自我价值的提升。只有当自己感受在为这个社会做有价值的事，在为这个社会做贡献，才有可能降低自己内心的自卑感。"孔子所说的"仁者不忧"的奥秘也在于此。

2019 年 5 月，在"新网师"太原首届高研班上，作为十佳叙事作者，我做了 15 分钟的主题演讲。我在回顾人生第一个 50 年时，曾这样说："回顾走过的 50 年，我感觉以往的自己，像一个醉酒驾车的马夫，没有方向，没有目标，只是凭着老马识途的感觉，混迹江湖。加入'新网师'后，我感觉自己是一条鱼，在教育事业这片广大的水域里，优雅地寻找属于自己的教育幸福。"

而现在，我更想做的是一只鹰。鹰的寿命大都在百岁左右，跟人差不多。但鹰到五六十岁时就尽显病态。鹰如果想继续生存的话，必须经历一次蜕变，于是它们用喙猛烈敲击岩石，用嘴一根根拔出自己带血的羽毛，直到旧喙脱落，长出新喙，老旧的羽毛全部脱光，重新长出新的羽毛。鹰不经历这样痛苦的蜕变，就无法获得重生。只有经历撕心裂肺的啄羽再生，生命才会再一次飞翔。

遇见"新网师"，我的职业生涯开始蜕变。

2018 年 5 月，我无意中浏览李镇西老师的"镇西茶馆"，发现了"新网师"招生的消息。从此，我梦想的天空开始变得清澈，一潭近乎死寂的心水，重新泛起希望的涟漪。

我虽然没有在年富力强的年纪遇到新教育，但我依然是幸运的。我的幸运在于，在教育生涯的末期终于发现教育竟然可以如此美丽。新教育路上，我的心永远年轻。正是因为结缘"新网师"，我对人生有了更深入的思考，我的人生轨迹，在知天命的年纪发生了根本性的转变。孔子说："朝闻道，夕死可矣。"我想说，遇到新教育，什么时间都不算晚。新教育，前半程，我们无缘相聚，后半生，我们将不离不弃。

2016年那场突如其来的病痛和手术，曾让我感受到和死神擦肩而过的惊恐，也让我对生命有了一次刻骨铭心的顿悟。

冯友兰在论佛教的顿悟时曾说："按照佛教的看法，人的修行，无论多久，就其性质说，都只是心灵的准备。要想成佛，必须顿悟，这是一个类似跳过悬崖的内心经验。禅师们用一个比喻说，'如桶底子脱'，当桶底忽然脱落时，桶里的东西，在刹那间都掉了出去。人在参禅的过程当中，到一个时候，心里的种种负担会像忽然没有了，各种问题都自行解决了。"我想，新教育对我人生的顿悟，也大抵如此吧。

为什么在50多岁的午纪，还要加入"新网师"学习？很多人都会问这样一个问题。我想在"新网师"学习中，寻找到教育的真谛，完成后半生的人生规划，让生命在夕阳中发出微弱的光，为自己并不完美的教育生涯，画一个相对圆满的句号。

从2018年开始，我先后组织了教师层面、家长层面、学生层面的读书会；也在"新网师"组织了"追随杜威共读部落"，定期开展读书活动，啃读经典，为全民阅读推广做出自己微薄的努力。

在学校里，我担任了读书会主持人，还主持创办了《红烛》《实中教研》两个校本刊物，引导师生从输入式学习向输出式学习转变。

2019年1月，我加入了童喜喜说写团队，获取了"说写点评师"的资格。2019年4月，我主动卷入"新网师"附属学校项目的创立，成为"新网师"的项目主管。

随着自己义工角色的不断丰富，我也迎来了职业生涯的一次次超越与突破。

（一）成为"新网师"讲师

2020 年 4 月 9 日，郝晓东老师在"新网师"专家群里问道：下学期想开设"教育的目的"课程，哪位愿意承担或挑战一下？我随即回复：郝老师，我想尝试下，需要您的指导。郝晓东老师回复道：可以。那就现在开始准备。7月初发我讲稿审核一下。

成为讲师是我加入"新网师"的梦想，也是我一直想为"新网师"做的事情。在跟随郝晓东老师学习"教育学经典解读"时，我曾通读了怀特海的《教育的目的》这本书，但当时基本上读不懂，也听不懂。2020 年春节疫情防控期间，受"云伴读"郭冰博士的影响，我对《教育的目的》这本书产生了浓厚的兴趣。白天没有时间，就利用晚上反复收听，重读原著。郭冰博士的讲解让我有了一种豁然开朗的感觉，很多疑问好像一下子就解开了。我迫不及待地重读并开始整理郭冰老师的讲课稿，第一讲 8947 个字，第二讲 13328 个字，另外我还整理了魏智渊老师的讲稿，第一讲 28034 个字，第二讲 12111 个字，两个讲义稿共计 6 万多字。我还在知网上下载了大量资料，开始精读，一篇一篇地啃。也正是有了这样的笨功夫，我才有勇气承担"新网师"《教育的目的》的授课任务。所以，读书一定要有实践，要有目标，哪怕下一些笨功夫也是值得的。

2020 年 6 月 23 日，我在忐忑不安中提交了《教育的目的》的讲稿、PPT及《关于〈教育的目的〉的授课建议》。

郝晓东老师回复我：看了资料，准备得非常详细。同意马老师的意见。一点建议，关于怀特海的"浪漫—精确—综合"的节奏论，与课堂教学打通一下，也就是说，在具体的一堂课中如何运用才能体现节奏论。这样会更实用一些，新教育的理想课堂，是包含了三阶段循环的。

一颗悬着的心终于落地。但我知道这离真正的授课成功还很远。我必须加倍努力，争取完满亮相，不负众望。

2020 年 9 月 26 日，经过多次打磨修改、试讲，我终于平生第一次以讲师身份在钉钉群进行了授课。授课前，我与学员进行了简单的互动，然后开始了我的解读。授课结束，郝晓东老师第一时间发来信息：非常精彩。这是郝晓东老师对我的鼓励，这种鼓励也将激励我继续努力，更好地完成"新网师"的授课任务。

（二）担任 N 师学院组长

跟随"云伴读"学习后，我第一次知道了"互加计划""N 师学院"。于是，我报名参加 N 师学院第四期的学习，并被录取。这一次，我勇敢地申请了组长职务，我想为 N 师学院做点什么。很荣幸，我被选为 N 师学院第四期第 15 小组"心灵成长"互助一组的组长。

在此后的学习中，我和来自全国各地的学友开启了一段难忘的学习之旅。我们每周听一次讲座，然后完成打卡。每周进行一次小组交流活动。当时，我对 CCtalk 的操作还不是十分熟练。于是，我就抽时间学习相关教程，并在短时间内熟练掌握。每次小组活动时，我都能熟练地开设直播并组织讨论。

后来，我又在 N 师学院率先尝试小组读书活动，共读的书目就是《教育的目的》。这种以读代学、以讲代学的效果还是非常明显的，在小组互动中，很多思想碰撞让我产生了更大的学习兴趣，并引导我更深入地阅读。更有意义的是，我首次尝试只做 PPT 课件，依据提纲为大家解读。这种方式虽然增加了解读的难度，但这种"逼自己一把"的做法对我授课能力的提升，意义重大。

"新网师"授课任务完成后，我又报名参加 N 师学院第六期的学习，再次被顺利录取，并再次担任组长。在这次学习过程中，我感到自我觉察能力得到提升。我学会了以同理心去聆听，用教练式提问去交流。短短的 8 节课，让我感受到 N 师学院强大的学习场，第一次近距离聆听自己内心的声音，体会到自我成长的快乐。

这次学习，每期都要推举案主（心理咨询中个案的主人）进行分享，其他人扮演模拟教练。为了给组里其他老师更多的机会，我始终以替补的心态准备。只要有老师勇敢做案主，我就心甘情愿做绿叶，让大家有一个实际的学习机会。毕竟，在真实的场域中，带着问题学习才是最好的学习。

N 师学院第六期最后一课，我终于抓住命运的小尾巴，"勇敢"地做了一次案主。

我分享了自己在阅读教学中学生参与度不高的困惑，沛铭教练、王军、李芮丽、康红敏老师都给了很好的提问。在这个过程中，我非常高兴地看到了老师们的进步，他们大都已经学会了合理利用教练式提问，以聆听者的心态发问。我也在一次次提问中感受到这个特殊的学习场域的力量，慢慢觉察到自己真实的内心，我的需求是什么，我期望什么，我该如何努力。我感觉自己内心从未有过的能量场在迸发，我也隐约看见未来的自己，一个完全不一样的自己。正如我回答沛铭教练时说的："我只是一个平凡人，未来可以没有自己的纪念堂，但未来一定会在某一个角落，一定会有人记得，曾经有一个不服老的人，在教育职业末期发现了教育真实的样子，并为之终身学习，终身努力。"

（三）重返讲台，圆新教育梦

2016 年 7 月的那场手术，让我无奈地离开了讲台；2020 年暑假后，我决定重返讲台，圆我的新教育梦。我想把这两年学到的学习理念应用于课堂教学。这一次我将挑战"整本书阅读"，尝试引领初一学生共读《朝花夕拾》这部经典。"一怕文言文，二怕写作文，三怕周树人"，我想通过我的努力，通过和孩子的共读，让"三怕"成为"三爱"，让读写成为孩子一生受用的好习惯。

这对于我来说，是一个完全陌生的领域。但我觉得作为一名教师，应该是全民阅读的推动者、推广人。这也是最好的输出，输出也是最好的读写。无论是上课，还是做讲座，甚至于写作就是最好的实践和输出。

这一次重返讲台，我的第一个改变，是备课不再考虑我如何好上课，而是考虑如何能让学生读书有兴趣，哪个问题能激发学生对话的欲望。哪怕是学生问起我没有准备好的问题，我也会积极倾听。如果我的知识储备能够应对，我便会和学生一起探索交流；如果没有准备，我也很乐意倾听学生的理解，一起头脑风暴。因为我觉得，老师的任务应该是在不断帮助学生通关升学的同时，还要为学生成长打下生命的底色。在这方面，阅读是润泽孩子生命的最好的方式。虽然前几堂课，学生参与率比较低，课堂气氛也不活跃，但我没有灰心，更多地还是从自身找原因。

期中考试后，我发现学生情绪不高。我临时决定不上常规课，用 N 师学院学到的东西，利用学生刚刚考完试这个难得的机会，上一堂不谈成绩的期中考试总结会。课堂上，我跟学生谈了我自己孩子成长的过程，一个别人眼中逆袭的真实故事。在这节课上，我和学生一起探讨如何正确面对即将揭晓的成绩，如何利用考试这种难得的试错机会，校正自己的学习。并且用 ABC 理论，让学生学会正确看待考试成绩，而不仅仅是学习成绩。

应该说这节课非常成功：一是课堂纪律出奇的好；二是有六名同学主动举手，提出问题。我也顺势答应，把大夏书系给我的阅读奖励书签和明信片送给主动回答问题的学生。当时班上有个学生非常调皮，我一直鼓励他参与讨论。虽然他在课上依然调皮，我也大度地答应给他一张书签。原因是这个孩子能及时改正一些不好的习惯，他随后的表现非常好。最后，我鼓励每一个孩子都做一个自信的人，做一个有自我觉察的人，做一个终身学习的人，做一个快乐的孩子。这一课，因为有了他们的积极参与，非常成功。这之后，课堂气氛明显改善。

我还尝试把课堂移到教室外的操场上，进行开放式的教学，学生非常喜欢，也积极地参与。在刚刚开始《西游记》的阅读学习时，我向学生介绍了"清单学习法"，并且鼓励学生使用"学习清单"。现在已有大部分学生参与清单学习，我期待，我的教学不仅传授给学生知识，还能让他们养成终身受益的读书习惯。

不知不觉，加入新教育已经七个年头了。新教育带给我们的，也许不是火眼金睛的洞察，也不是七十二般变化的魔力。新教育给我们的是一种对职业生涯的再思考。也许，若干年后，我依然一无所得，但时间一定会记录下我们的成长和进步。我们对于教育的这份执着，对梦想的不懈追求，一定会等到春暖花开的那一刻。

三、写在最后的话

阿德勒说："每一个人的生活当中一定要有意义，没有意义是很难完成超越的。"岁月是无情的，我们无法阻止自己老去，但我们可以决定自己如何以更有意义的方式优雅地老去。这是对自我最大的认同和尊重，也是对岁月和命运最好的报答。

在人生的第二个 50 年，我希望自己是一个勇敢的水手，双手紧紧握住命运的缆绳，任凭海风吹拂发际，感受生命之舟破浪前行的愉悦——帆在我心里，船在我脚下，风吻我的面颊，海潮在涌动，目标在极目之外的远方。

一生很长，也很短。回首往事，很遗憾年轻时没有认真经历生命的历练，感受职业生涯的幸福。余生很短，也很长，愿余生还可以按照自己喜欢的方式和期待的样子，活出属于自己的所有可能，慢慢地、从容地、优雅地老去。

（工作单位：山东省武城县实验中学）

第五章

拥抱热爱，播撒桃林芬芳

热爱生命，热爱学习，热爱教育，"新网师"吸纳这样尺码相同的人。真正对教育心怀热爱，便无惧追求路上的风风雨雨；真正热爱教育，便在专业阅读与专业写作的道路上甘之如饴；真正热爱教育，便会把教育当成自己的志业。朱永新老师说："这种类型的教师，把职业视为宗教，为意义之旨归，职业与生命融为一体。对于教师职业的深刻理解和执着信念，会驱使他们通过学生的卓越发展，使自己的生命得以丰富扩充。"

苏格拉底说："世界上最快乐的事，莫过于为梦想而奋斗。"梦想不会发光，逐梦教育才自带光芒。把教育当志业，拥抱热爱，去享受桃李满园的芬芳吧。

追光的迷航孤舟

吴尧达

人生就像一杯酽茶，喝起来苦涩，回味起来，却有历久弥新的余香；人生就是一场旅行，不在乎目的地，在乎沿途的风景和看风景的心情；人生就是一条不断选择的坎坷曲折的路，即便持续跌倒，也一定要爬起来，坚持自己的梦想。记住，这一秒不放弃，下一秒就会有希望。

——题记

一、启程

人，只要有一种信念，有所追求，什么艰苦都能忍受，什么环境也都能适应。

——丁玲

1989 年中师毕业，我的首站是一个海拔 2000 多米的偏僻村小。70 多个学生，仅一间寝室，四间两面透风的教室。我包揽了四年级、六年级的所有课程，开启了职业生涯的处女之航。

恍惚间，我正重复父辈之路。一天下来，虽口舌生烟，我反觉异常充实。

三年师范所学，正好大派用场，琴棋书画、吹拉弹唱、体操田径，都进入了我的课堂。唱歌没风琴，我小提琴伴奏；做操没广播，我口琴吹奏；绘画缺工具，我让孩子轮流用；娱乐没围棋、象棋，我教孩子自制……我感觉到了自身的价值正在展现！

那年的冬雪说来就来。初冬刚至，狂风就卷着冰粒子连同屋顶的积尘从瓦缝中簌簌落下，第二天，床铺上就积满一指厚的冰碴。操场上已积雪盈膝，一脚下去费力拔起，就是一个深窟窿。四周银装素裹，天寒白屋，仅见炊烟氤氲。第一次亲历岑参诗中"忽如一夜春风来，千树万树梨花开"的壮美景象，反倒异常兴奋。

当孩子们稀稀拉拉提着火盆（用旧搪瓷盆盛些火糟自制的取暖器物）到校，已近午时，大半孩子依然缺课。本地老师说，今年冬雪来得早，还这么大，也是少见，积雪至少得等到春后才能化开。看来娃娃的课程要耽误了。

这怎么能行？思前想后，我决定来一次家访，希望孩子的父母能亲自接送他们到校学习。

下午，我拄了根棍子，跟随顺路的孩子，想先到最近的杨华家。没想到，一夜大风，积雪把山上的沟沟坎坎都填平了，羊肠小道时隐时现。

我和孩子深一脚浅一脚，爬了1小时还不到一半路程，就累得腿肚打颤。看到前面一块开阔地，非常平顺，目测从这里走过去，可以节省很长一段路程。一脚踩下去，身体不由自主地下陷，雪一下子没到颈窝。幸亏我一把抓住了路边的一丛灌木，孩子七手八脚，费了九牛二虎之力才把我拉出来。原来这块开阔地，本是一条两人深的涧槽，却被吹来的积雪填平了。

当我拖着一身冰泥来到杨华家，已是掌灯时分。

山区村民淳朴热情。一顿豆花玉米渣加荞面的稀饭，配上椒盐萝卜丝咸菜，那简直就是人间美味。饭后坐在火塘边拉起家常，才知孩子的爹妈在乡煤场做零工，只有70多岁的爷爷奶奶和50多岁的舅妈在家侍弄农活。土地贫瘠，刀耕火种，辛苦一季，聊以温饱。大雪天家人接送，一天来回4趟，壮劳力也要耽搁六七个小时。孩子的爷爷奶奶又细数了杨波、母新等周围五六个孩子家的情况，都大同小异。

望着老人无奈的神情，一个大胆的想法从我心里冒出：如果让孩子住到学校，不就免去了这诸多烦恼？

我把自己的想法一说，杨华便眼里放光，爷爷奶奶也高兴地说："这不瞌睡来了个枕头？只是太辛苦老师，每天照顾那么多娃儿，太难为您了。"

"不知其他家长愿意吗？"我担忧地说。孩子的爷爷拍着胸脯说："肯定没问题！我把他们招来一起商量一下，看看娃娃住校咋安排。"接着就开始张罗火把，和孩子舅妈连夜分头通知。一个时辰后，乡亲们众星捧月般围坐在我的周围，红艳艳的火塘边洋溢起欢声笑语。

一早，孩子和家长扛着铺笼罩被，背着锅碗粮菜，在教室的后边打起了地铺。我买来塑料布将窗户一封，中间支起一个火塘，取暖、煮饭就解决了。好在山上不缺煤炭，家长早早也给解决了。

就这样，远处的孩子不再缺席。每天和孩子一起吃喝拉撒，漫天风雪也挡不住孩子求知的热情。

转眼到了冬月。一个周六下午放学后，杨波的爸爸就连拉带拽请我到他家去，山里人特有的热情让我不忍拂其好意。爬了近两小时，在高耸的半山腰，终于看到孤零零的三间瓦房，那就是杨波的家。老远听到狗吠，一股肉香扑鼻而来。杨波悄悄告诉我，昨天他家杀年猪了。

晚上，围坐在火塘边，吃着丰盛的猪肉，喝着自酿的刺喉洋芋酒，杨波的爸爸打开了话匣子：孩子5岁时就没了母亲，小杨波是自己含辛茹苦拉扯大的。在乡煤场打了两年零工，至今没拿到一分钱。自种的几分山地出产太低，也值不了几个钱，祖辈都吃够了没文化的苦。唯一值得骄傲的是孩子争气，成绩不错，又遇到了一个好老师。

这个黑里透红的汉子一提起孩子，眼里放光。酒后更是无话不谈，与我称兄道弟。那晚不知不觉就喝过了头。

早上醒来，一张床上只我一人。深蓝的被子是刚洗过的，一股淡淡的皂荚香味，毯子虽然补了多个补丁，却也干净整洁，松软的麦秸新鲜厚实，显然精心打理过。

起床一看，父子俩靠在火堆的墙角，睡得正香。父亲还咂着嘴，脸上带着满足的笑意。看来他们把唯一的这张床让我独享了。

那段时间，家长邀请不断。山区不产米，但每天晚上我必会吃到雪白的米饭，早上一大碗热气腾腾的面条下面往往伏着三五个荷包蛋和几片大肉，这显然是给尊贵的客人独享的。老百姓对老师的敬意朴素而又热烈，过了这么多年，一想起来依然历历在目。

不过，记忆中最深刻的还是小杨波父亲那充满期待的眼神。永远忘不了那一双粗糙大手的托付，那是整个家庭的全部希望。

一学期的辛苦换来全乡绝对第一的成绩，很让我欣慰，第一次有了一种不负众望的荣誉感。那一学期，月工资 80 元的我领到了 120 元的奖金，又几乎填补了孩子们欠缴的书杂费。

我还把家里姊妹们珍藏了多年的儿童书籍搬到教室，零零散散的也有一两百本。

那两年，凭着对教育单纯的热爱，对孩子特有的关心，我每学期的教学成绩稳居第一。体育比赛、文艺汇演，我的学生也毫不逊色。

一次公开课后，评委老师一致推荐我参加区级比赛，半道却换了一位本地老师。事后校领导解释："你是外地老师，反正以后机会多的是，这次就不用去了。"

我是外乡人，也许在领导的眼里迟早要离开这里。随着一次次外出培训，甚至公开课资格都基本与我绝缘时，我才开始意识到这意味着什么。

排外的阴影一直如影随形，连积极入党也以政审麻烦为由被拒之门外。好在我得到了家长的认可、学生的敬仰，聊以慰藉。

魏智渊老师说："尽管这时还缺乏专业的教育学理论的知识，但能够做到对学生诚心以待，关怀每一个鲜活的生命；和学生之间也能够建立起牢固的友谊，彼此信赖；虽然对于一些课程理论还不太清楚，但是能够全力以赴，尽可能地让课堂变得生动活泼，将自己对知识的热爱倾注进教材之中。"

现在看来，我虽然努力自然生长，却错过了成长关键期，过早成了井底之蛙。

二、逆行

人的生命似洪水奔流，不遇着岛屿和暗礁，难以激起美丽的浪花。

——奥斯特洛夫斯基

离开伤心地，我到了交通便利的白水小学，但再次被边缘化。

1992年学校搞勤工俭学，我和一同调来的几位老师进了一个简陋的校办印刷厂，为学校赚起了外快。

但我想上讲台，想和孩子们在一起。为了这个目标，我决心利用这个空档参加大学自考，学习美术教育专业。整整两年半，历经艰难，终于毕业。

岂料，勤工俭学如嗜血蚊蝇，又一次席卷大江南北。校长劝我停薪留职，外出发财，但我志不在此。

不久，和刚刚热恋的女友逛街，她看上了一件防寒服，标价280元。我身上怀揣着刚发的工资260多元，想和这个女商贩还价260元。这个女商贩看出我们的关系，就像吃了秤砣一样，少一分也不卖，弄得我非常难堪。女友看出了我的窘迫，准备拉我走。我回头不甘地乞求道："我一个老师，一个月的工资就260多元，多了真的没有。"女商贩看我的确榨不出油水了，不屑地说："难怪没钱！"一把抓过我手里所有的钱，连毛币也没放过，"一个穷教书的，一肚子知识有啥用？还不如我摆个地摊，每月少说也有千儿八百的。"脸上写满鄙夷。

一分钱难倒英雄汉，我第一次感到了自己的卑微。

我动摇了，决定外出闯荡。因有美术专业文凭，能写会画，很快应聘到一家公司编辑宣传资料，享受执行经理待遇，试用期780元，相当于我当教师三个月的工资。

几期文案宣传做得不错，第二个月我就被成都分公司提拔为企业策划部长，工资涨到1800多元。

你是一只猴子就给你一个山头，你是一只老虎就给你一片森林。民营公司任人唯贤，让我如鱼得水。为打拼市场，我利用业余时间疯狂自学了营销管理及法律专业，与形形色色的人斗智斗勇。虽然只有短短两三年，却从另一个视角极大地丰富了我的人生经历。

第二年后，我的月工资已涨到 3200 元，相当于我当教师一年多的工资。因业绩不凡，年末又被总公司调到另一分公司担任副总，工资翻倍。不过兴奋没多久，我就高兴不起来了。

事情源于一次调研。

在一位市场部经理的陪同下，我去一业绩优异的区域考察。本以为城乡接合部老百姓生活质量不错，没想到越往前走，留守在家的老弱病残越多。走进了一间低矮昏暗的旧屋，一位老大爷躺在床上，老太婆愁眉苦脸地坐在一边。老大爷身体不好，四处求医几乎花光了积蓄，现在孙女都 5 岁多了，还没钱上幼儿园。儿女在外打工，也没多少收入。听公司员工宣传药品不错，已经买了两个疗程。我让老人家拿出医院的诊断，发现竟是胃癌晚期，这药基本没用。我狠批了这位市场部经理，让他退了药钱。我给老人留下 200 元，让他不要耽误孙女上幼儿园。

这事给我的触动太大了。再好的产品如果昧着良心泛化宣传，必将带来不好的结果。

我奋笔疾书，写下的调研报告也没引起高层多大反响。良心的不安让我有了辞职的念头，我不想再挣这份带血的工资。

恰在此时，学校也通知我可以回去上课了，直觉告诉我最好的选择就是遵从心灵的召唤，这个决定，也许源于父亲的言传身教。我也谢绝了其他公司的高薪聘请，如愿重回魂牵梦绕的讲台。

果然，没过多久，公司因其他区域的虚假疗效宣传被患者在媒体曝光后，引起了多米诺骨牌效应，各地市场业绩开始一蹶不振，这是后话。不过这次下海却促成我做公益的心愿：法律义务服务、乡村特约采编、小区义务服务、抗疫志愿者……凡力所能及，我都愿尽力而为。

三、扬帆

你若要喜爱你自己的价值，你就得给世界创造价值。

——歌德

那天是 1998 年 8 月 8 日，一个值得纪念的日子，久违的教育激情再次满血复活。

2000 年，我的第一篇论文《小学低年级记忆画教学方法初探》获得了市论文评选一等奖，开了学校之先河。

因有过企业策划的经历，我包揽的学校宣传展板和专题也备受上级青睐，区委书记和县纪委想借调我去政府部门工作，也被我婉言谢绝。

正如魏智渊老师所言："教师专业发展的浪漫阶段，因为热爱与好奇，所以对学生、对教育本身有一种自发的拥抱。"

学而优则仕。学校中层青黄不接时，我被派去负责办公室事务，不久，教导、教科部门一肩挑。

我就像一只蒙着眼睛推磨的驴，周而复始在自己的小天地打转，但我依然充满了激情，痛并快乐着。

因经常参加课改，外出培训，我不安分的心又开始躁动，特别是看到绝大部分老师终其一生，犹如一潭清水，一眼到底。职责所在让我想改变这种局面，更想让学校充满活力。

那段时间，我夜以继日地起草各种方案，征求各方意见，与老领导反复斟酌。看到师生活动日渐丰富，课题有模有样，教学方面年年获奖，我也很有成就感。

可惜，好景不长，学校领导开启了如走马灯似的轮换模式，每个领导都有自己的风格，有的还美其名曰：某式管理法。

学校生态难以为继。一番番折腾，我也精疲力尽。

好在我鼓励妻子创办的公益性民办幼儿园，很看好我的那些办学理念和管理办法。她自己吸收后，带领师生开疆拓土，居然将一个只有50多人的微型园发展到400多人的中等规模园，甚至获得市局表彰，还收获了"十佳巾帼创业青年"称号。

这无心插柳之举，倒让我始料不及。

波澜不惊的教学生涯，也延续到三年前。我竞聘高级教师，为写总结，蓦然回首，才发现值得骄傲的成绩居然还是十多年前的。这难道就是曾经激情满怀，憧憬在三尺讲台开疆拓土的自己吗？我突然为自己感到悲哀。

虽竞聘成功，不过徒有其名。我心里却越发空寂，为何还庸庸碌碌？是该好好解剖一下自己了。

四、迷航

人生的价值，并不是用时间，而是用深度去衡量的。

——列夫·托尔斯泰

虽近20年积极寻求自身发展，向老教师请教，向专家学习，在课堂中摸索，应该说也积累起了丰富的实践经验，但由于缺乏专业知识的系统学习，对积累的经验仍然处于一种模糊的认识状态。

一直以为学生成绩好，就证明自己的教学水平高。一直以为教好学生，自己的知识足够了，压根儿也没想过通过系统学习，继续提升自己的专业能力。正如怀特海所言："这时我们处于直接认识事实的阶段，只是偶尔对事实做系统的分析。"

这个阶段，因为没有研究过专业的教育理论，"只是凭着对儿童的朴素的热爱以及推己及人去教导儿童"，是典型的处于浪漫时期的教师。魏智渊老师认为："一般来说，三十岁之前，一个人应该完成自己的浪漫期。"而我在近天命之年，还在难堪的浪漫期徘徊却浑然不觉。

30年迷茫求索，荒废了太多宝贵时光。

这种状态下，我的教学管理、教学技能、教学方法、教学理论水平，依然处在经验型水平。虽然正开始准备进入反思教育行为与教育水平的阶段，却还没有系统化、条理化地研究总结自己的教育行为，远未进入成熟的专家型教师行列。特别是承担教务工作期间，虽然我知道以学生的考试成绩（分数）为唯一取向的教师评价制度，消磨了教师改革的锐气和胆略；形式主义严重的培训制度，使教师失去了专业化发展的机会；只重视教学不重视科研的教研方式，使教师丢掉了自己的声音和话语，但我却无法找到其问题根源，更难为自己和老师规划出切实可行的专业发展之路。我只能眼睁睁地看到一群忠实的执行者了无生气地重复着昨天的故事。

我不想每天拿着旧剧本重复昨天的故事，迫切希望在余生追寻教育真谛的同时，也给自己带来更多的体验。

五、辨向

经历浪漫阶段之后，因为某种契机（危机、遭遇、外在压力等），教师会步入专业发展的第二个时期，即精确时期。

——魏智渊

直到 2019 年 3 月，旺苍县牵手新教育实验后，我有幸聆听了魏书生的演讲《做一个幸福的专业教师》及郝晓东老师对新教育发展的规划，顿觉如醍醐灌顶，茅塞顿开。

我又按图索骥阅读了朱永新教授的《新教育》。他忽如一夜春风，带来了盎然生机，让我心中升腾起多年未曾有过的激情和期待。

朱永新教授为我们勾勒了新教育的"四大改变""十大行动"，构筑的教师专业成长的必经途径充满了生命的活力，这不正是"生动活泼的知识"吗！

（一）由封闭走向开放

进入"新网师"，我首先选择了学习阿德勒的《儿童的人格教育》。最初目的很简单，就是想学到一些解决"问题儿童"的切实可行的方法。当讲师郭建珍老师线上教学时，我才发现自己犹如刘姥姥进了大观园。学习内容中融入的新理论，除了苏霍姆林斯基，其他如皮亚杰、佐藤学、怀特海、博尔诺夫等若干伟大学者和他们的著述，我几乎是一片空白。就连苏翁也还是在师范学习教育学时偶有一些记忆。

这次的学习遭遇，对我触动极大。它是我对自己原有经验的一次彻底自我否定。

（二）由单一走向多元

进入"新网师"两个月，正好是"新网师"成立十周年。李镇西老师发表了《你们就是诗和远方》的讲话。

他说："也许有不少老师是抱着寻求'可操作性'的教育妙计而来。如果真是这样，那就错了。'新网师'提供思想，提供理念，却不提供现成的方法。30多年的教育实践告诉我，教育没有万能钥匙。无论多么正确的教育原则，都无法破解一个又一个具体的教育难题。而且，越是具体的教育难题，其破解方法越具有'唯一性'，因而是无法复制的。正如苏霍姆林斯基所说：'某一教育真理，用在这种情况下是正确的，而用在另一种情况下就可能不起作用，用在第三种情况下甚至是荒谬的。'"

真是一语点醒梦中人。

这和郭建珍老师讲授《儿童的人格教育》引经据典的解答有异曲同工之妙，她说："我们解决问题的方法是开放的、多元的。"她并没有完全引用阿德勒的个体心理学观点来自圆其说。

郭建珍老师也告诫大家，学习阿德勒的理论只是多了一个解释或解决我们面对的各色"问题儿童"的途径而已。对优秀的各类理论书籍我们必须多读，多理解，兼收并蓄，才能融会贯通。站在巨人的肩膀上总会看得更远。

再看自己解决问题的方法，"如同有了一把锤子，看什么问题都像钉子"，总想用它来敲敲，这是纯粹的单眼理论。李镇西老师的观点和郭建珍老师的教导如醍醐灌顶，让我顿悟。

（三）由被动培训走向终身学习

回顾专业成长漫长的浪漫期，自己也曾多次参加过省市各类的教育教学内容培训。特别是负责教导处、教科室工作的十多年，国家课程改革频繁，几乎每月都有大大小小的省市县的教材培训或专家讲座，甚至多个专家同台的讲座，前面说的是正题，后面竟是反题，美其名曰百家争鸣。听完不但没解决问题，反倒有了更多疑惑。

我也承担过几次课题研究，无非是些资料收集和整理，最后的结题报告，也不过是依葫芦画瓢、东拼西凑的"百衲衣"。除了年终考核学校可以加分外，并无多大意义，老师反倒抱怨打乱了正常的教学秩序。

现在看来，我虽转入专业发展，却路径不对，误入歧途。讲座类支离破碎、短暂片段的内容也难以给予实质性的专业引领。课题研究与现实教学皮肉分离，基本属于假研究、伪科学。

再想想为自考而进行的系统阅读，也仅仅化为了我的智力背景，并没有形成我专业发展必需的精神食粮。

由此看来，我残缺的职业生涯足有三大缺陷。

我虽不甘平庸，勤于学习，却以储备性阅读为主，未完全从教学实践入手阅读，此一大遗憾；在我专业发展的初期，虽满怀激情，投身教育，却没有高人指点、专家引领，此二大遗憾；在有机会真正思考教育实践时，却错过了真正的专业阅读，缺少对苏霍姆林斯基、怀特海、杜威等教育家著作的啃读，此三大遗憾。

现在幸遇新教育，徜徉在《教师阅读地图》中，我也更明白了魏智渊老师所说："教师是一个高度实践性的职业，不是你具备了丰富的知识和深厚的学业才能当老师，是在行走中渐渐成长！""专业发展，是一个辛苦的修炼过程。渴望专业发展的教师，必须穿越许多理论，才能够最终清晰而深刻地把握教育，理解学科。"

这也给弥补专业不足的我找到了出路，那就是终身学习，探寻优质教学的本质！

（四）朝向幸福完整的教育生活

何为优质教学？

当跟随郝晓东老师深度学习帕克·帕尔默的《教学勇气》时，才有了一点清晰的答案，即优质教学不能降低到技术层面，而是来自教师的自我认同和自我完善。

于我而言，读这本书真的需要勇气。因为其中蕴含的心理认知和哲学思考，是我从未体验过的，哲学的最初认识，仅残存于读师范学校时学习的《马克思主义哲学概论》。

现在读了怀特海的《教育的目的》、博尔诺夫的《教育人类学》，我才知道世界上还有如此多的哲学流派，才知道哲学是如此生涩烧脑。不过一旦明白一点，又能让人思维瞬间开阔。这种痛并快乐的感觉，就是我对哲学的最初感受。

不过，在浩如烟海的文化典籍中，这些优秀的哲学书籍成书时代也离我们太过遥远，他们的思想在知识爆炸的浮躁时代，是否依然还能引领我们？

跟随如一老师学习牟宗三先生的《中国哲学十九讲》，最初我如同一个局外人，仅仅局限于客观了解。先逐段批注，再厘清各段之间的关系，写出梳理内容，即便这样我还似懂非懂。非常佩服一起学习的杨艳老师，不但能一览众山小，梳理出牟先生宏阔的哲思精髓，还能与自己的思维碰撞出鲜活的生命体验。

郝晓东老师曾说："要想读懂一本书，必须先读懂其他九本书。"

我循着牟先生的讲稿和学习进度，网购了《中西哲学之会通十四讲》《历史哲学》《心体与性体》《才性与玄理》《佛性与般若》等系列大部头，有些还能读懂一点，有些就如读天书，特别是关于佛教的内容，看来这其他"九本书"也难读懂。不过有如一老师的点拨，我对这门关乎生命终极思考的课程兴致愈渐浓郁，对中国的传统文化也有了前所未有的深刻理解。

儒家的责任和担当，道家的逍遥与玄思，佛学的精妙与超越，它们无一不是生命文化的舒展。对个人而言，是物欲横流之下对先天灵性的呵护与唤醒；

对家国来说，是文化自信和民族精神的蓄积与奔涌。这些哲思藉由如孔孟、老庄、程朱等先贤圣者所创造的语言，打上了生命的烙印，远非熟读和运用那些光鲜亮丽的词汇所能了解和体会的。他们的真生命是在如基尔凯戈尔宗教般虔诚的践行中延续的，这种"内容真理"才是文化精神创造的原动力。

"为什么我们的学校总是培养不出杰出的人才？"40年前的钱学森之问，道出了我们传统文化和当今教育的短板。牟宗三先生的学思生命，也给我带来启思：在善意容纳消化他者的同时，更要重建传统文化自信，让"一心开二门"的智思融入我们的行动，也让师生幸福完整的教育生活成为开启"杰出人才"的模式。

何为幸福完整的教育生活？

我想，牟宗三先生《圆善论》中的"德福相即"思想不正契合这种理念吗？

身体与心灵的和谐同一，自然生命、社会生命与精神生命的完整同一，不就是让我们成为完完整整的自己吗？这样的教育生活不就是诗与思的幸福交融吗？

先哲的思悟言犹在耳。生命短暂，时光如梭，为了让自己的生命与学生的生命能编织成一幅相对完美的画卷，也让自己偶然的生命具备存在的意义，我依然愿意让自己的心灵向着明亮那方，充满理想。

六、结语

当自卑超越、浪漫精确、危机遭遇、思维假定、三重对话、孔孟老庄等一系列语言密码走进我的课程实践，我看到了孩子眼中的光亮，听到了内心拔节的声音。

与孩子共成长的重生，常让我心潮澎湃，我真切感受到了自己的存在！

子曰：朝闻道，夕死可矣。知天命之年，我再也不敢继续苟活，再也不愿随波逐流！当生命正大踏步走向终点时，我该如何存在？

我想，经过了浪漫期的大量积累后，在精确期应始终保持开放的姿态，不断丰富、修正专业学识；保持空杯心态，勇于扬弃，轻装上阵，身心合一；像孔子一样身体力行，一以贯之，用自己的整个生命来彰显教育的意义和教师的价值，才可成就孩子的幸福，让自己人生丰盈。

方向已清晰，目标就在远方。我唯有像马增信老师说的那样：努力再努力，坚持再坚持！

（工作单位：四川省广元市旺苍县白水镇中心小学校）

有一种深爱叫扎根

卢雪松

自小，我就怀揣着一个梦想——成为一名教师。这个梦想，简单而纯净，早已在我心中生根发芽。在朝向梦想的路上，每一次挑战，每一份坚持，都铸就了我成长的阶梯。当我站在讲台上，凝视着孩子们那一双双渴望知识的眼睛，我深感生命中的每一刻，都因这份对教育的热爱和执着而变得分外珍贵。

一、向往讲台：儿时愿望，梦想成真

记得在一节关于"梦想"的主题班会课上，孩子们畅谈他们的梦想，有的说想成为一名宇航员，有的说想当一名运动员，还有的说想当一名警察，一个调皮而又幽默的小男孩神情认真地说，他想成为一名喜剧演员……闭上眼睛想象一下，倘若他们的梦想都能实现，那么 40 名学生，40 种职业，40 个梦想交织在一起，这将是怎样一个热闹的班级！其中，有一个小女孩提到了一个让我动容的愿望："长大了，我想成为和您一样的老师！"她说得坚定而朴实，教室里骤然响起了热烈的掌声。我被她的真挚与执着打动了，在掌声中回到了我的学生时代，回忆起我走上讲台之路……

我上小学的时候，我的第一位班主任是教语文的胡宝芝老师。每次听她上课都是一种美的享受：她的声音略显沙哑，却充满魅力，她的板书像工笔画般洒脱秀丽。她对我们像妈妈一样关怀备至，在我们学习遇到困难的时候，她总是利用自己的休息时间为我们进行义务辅导。她会给我们读她写的日记，用这种方式敞开自己的心灵世界；我们也会在日记中和她说一些悄悄话，让她走进我们的心里。同学们私下最爱玩的游戏就是模仿她上课，当然我也不例外。我喜欢放学后独自留下来做值日，这样我就可以模仿她的样子站上讲台上课，写粉笔字，读自己的日记。当我站在讲台上，我看到的全是希望。我心中涌动着无尽的荣耀与梦想。从那时起，我的心中就埋下一颗小小的种子——我想成为像胡老师那样的老师！

在我填报高考志愿的时候，我心中充满了对成为教师的憧憬。王国维在《人间词话》中提出的三种境界，恰如其分地描绘了我追求梦想的心路历程。他写道："古今之成大事业、大学问者，必经过三种之境界。"这些境界，对我而言，不仅是对理想追求的深刻理解，也是我内心情感的真实写照。

首先，是"望尽天涯路"，这正是我填报志愿时的情景。我坚定地选择了师范类院校，因为我相信，只有站在讲台上，我才能实现自己的价值和梦想。然而，命运似乎给我开了一个玩笑，我被调剂到了非师范类学校。这突如其来的转变，让我体会到了"衣带渐宽终不悔"的艰辛与坚持。尽管遭遇了挫折，我的内心依然执着于教师的梦想，从未有过放弃的念头。

随着时间的推移，我在不断的探索和努力中逐渐成长。直到有一天，我突然意识到，教师的梦想其实一直伴随着我，从未真正离开。这正是王国维所说的第三种境界"众里寻他千百度，蓦然回首，那人却在灯火阑珊处"。在追求梦想的过程中，我逐渐领悟到，真正的教师精神，早已深植于我的内心。

时间匆匆流转，终于毕业了。工作分配的电话响起后，负责分配工作的老师充满歉意地说出一个变故："原本计划让你去社区工作，但现在学校需要人手，你愿不愿意去学校工作呢？"听到这个消息时，我又惊又喜，毫不犹豫地回答："我愿意！"于是，我来到了学校，成了一名小学老师。我的梦想终于实现了！我长久以来的讲台之梦，在我不断追寻"望尽天涯路""消得人憔悴"，然后"蓦然回首"的时刻终于成真。

二、站上讲台：角色转换，摸索前行

入职以后，我从一个学生的身份转变为一名教师，并努力适应学校的工作环境和节奏。我知道作为一名老师，只有在专业知识上不断积淀、不断学习，才能胜任。然而，我也深知自己与其他老师之间的差距，除了对教育事业的忠诚和热爱，我几乎一无所有。对于教学内容不熟悉，管理学生方面的经验匮乏，甚至课堂控制能力也不够强……作为一个非科班出身者，我的教育理论和经验都需要补充和提升，需要学习的东西太多了。名正言顺地站上讲台需要获得教师资格证书，因此，在工作之余，我决定启动"恶补"模式，阅读更多专业书籍，提升自己的理论素养，为通过教师资格考试做好准备。

然而，在实际工作中，我发现愿望虽美好，现实却显得无奈。在学校里很难抽出时间来读书。因为那时计算机安装的还是 DOS 系统，会使用的人屈指可数。办公条件十分有限，计算机并不是标配，学校材料基本上全靠手写。根据工作需要，学校安排我负责两个年级的计算机课，并承担学校所有试卷和文件的打印工作。

我几乎每天都要加班到很晚，每个节假日都在忙碌中度过。虽然年轻人应该多承担一些工作，但长时间的闭门加班让我感到孤独，即使工作一年多了，同事们还不太熟悉我，更别提有时间去听课和阅读专业书籍来弥补自己的教学短板了。有时，面对堆积如山的文件和来自各个方面的催促，我感到十分委屈。由于长时间盯着屏幕，上学时从不戴眼镜的我现在没有眼镜就看不清屏幕上的内容。这真的是我向往的生活吗？显然不是。我渴望像歌里唱的那样"领着一群小鸟飞来飞去"，而我现在却被束缚了翅膀，失去了快乐和自由。

用了整整三年，我才逐渐适应，并找到了适合自己的工作节奏。在打材料时，我会琢磨学校公文的写作，渐渐掌握了一些门道，有时也会上手写上几篇，都得到了领导的认可。

时间进入 2000 年，光阴一点点磨去我的棱角，也让我重新思考人生：尽管通过了"两学一法"的考试，但由于缺乏实践经验，加上平时阅读的书籍也不多，我对教师资格考试没有丝毫把握——在我心中，教师资格考试就像一座难以逾越的高山。我内心的渴望告诉我，一名教师的理想应该生长在教室里，扎根在三尺讲台上。我渴望成为一名真正的教师，渴望在实践中不断成长。

就在我寻找与校长交流的时机时，满学军校长却主动找到了我。他充分肯定了我的工作表现，并称赞我是一个非常踏实、有责任心的人。他希望我能够在班主任岗位上继续磨炼，并相信我能成为一名出色的教师。听到这样的夸奖和鼓励，我有点不敢相信自己的耳朵，强忍住内心的狂喜，欣然接受这个挑战。

对于校长给我安排的工作，我一直感激不尽。他听到了我内心的呼唤，理解和体谅了我的困境，并给予了我信任和鼓励。与校长交谈后，我感到前所未有的轻松！我想起了孟子的话："天将降大任于斯人也，必先苦其心志，劳其筋骨，饿其体肤，空乏其身，行拂乱其所为，所以动心忍性，曾益其所不能。"原来一切都是最好的安排！从新学期开始，我将成为一个全新的自己，成为一名自己理想中的教师！

在这个暑假里，我悄悄为班主任工作做着准备：静心读完了新学期的语文、数学教材和教参，提前备好课，写好教案。虽然已经工作了三年，也给孩子们上过计算机课，但是我的工作重心并不在学生这里。若要真正管理好一个班级，并进行语文、数学两门课程的授课，我并没有十足的把握。职业的恐慌让我意识到要读一些与教育专业有关的书籍了，更何况还有教师必备的教育学、心理学知识在我这里也是少得可怜。于是，我的阅读由浪漫杂乱开始转向教育书籍的阅读。我阅读了李镇西老师的《爱心与教育》、苏霍姆林斯基的《给教师的建议》、欧阳炳焕老师的《班主任的锦囊妙计》等书籍，书中所举的事例及解惑的方法对我来说就像一场及时雨，具有很强的实践指导意义。读来感觉收获很大的语句，我也会在书上圈圈画画，仿佛做好了标记就掌握了管理学生的有效方法。

秋季开学，我正式成为二年级二班的班主任。看到那些天真可爱、笑容灿烂的孩子，我感到无比幸福！我终于可以领着这群"小鸟"飞来飞去了！我希望通过我的努力，让他们飞得更高更远更自由！

作为一名新手班主任，我深知无论是教学还是班级管理都缺乏经验。尽管经过一个假期的自我修炼，我的底气依然不足。在教学方面，我提前研究教材，学习名师的课例和教案，照猫画虎还能够勉强应对；然而，在班级管理方面，遇到的问题却与书籍中的案例不一致，总是让我手忙脚乱。当学生出现问题时，向家长告状成了我常用的方式。

曾经有一次，我气愤地向家贺爸爸抱怨孩子又没完成作业，然后亲眼看到这位脾气暴躁的父亲狠狠地踹了孩子一脚，那个瘦小的孩子重重地摔倒在地上。孩子一边哭，一边用那双充满委屈的大眼睛看着我。刹那间，我震惊了！感觉自己才是犯了错误的孩子，陷入深深的后悔和自责之中。这次事件让我开始反思与家长沟通的方式：一名合格的老师应该如何处理问题？与家长沟通的目的是什么？难道仅仅为了点燃他们的怒火，发泄自己的情绪吗？我找出一个本子，写"检讨书"似的记下了这件事的经过，反思自己的行为，思考解决的办法。从这件事开始，我养成了记班级日记的习惯，通过写班级日记记录班级事件，表达自己的即兴思考。

也是从那时起，我开始意识到家校合作的重要性。我开始研究家长，并试图在书籍中找到与他们进行有效沟通的方法。我定期进行家访，开展调查研究，总结出我班家长有"四多四少"的特点，即"没文化的多，有文化的少；闲散人员多，有工作的少；外来人员多，本地人员少；租平房的多，住楼房的少"。这样的情况说明大部分家长在为生活奔波，在教育孩子方面存在一些缺陷。他们不仅容易缺乏耐心，还缺乏有效的方法。而我之前通过告状将问题转移到家长身上，这与那位简单粗暴的父亲又有什么不同呢？

我阅读过李镇西老师和魏书生老师的文章，开始像他们一样留心观察学生，与学生进行心灵交流，并努力建立一种互相尊重、心灵相通的师生关系。通过文字的记录与反思，在遇到问题和情绪即将失控、快要爆发时，我总是能想起家贺那双充满委屈的大眼睛。于是，我很快便会冷静下来，心平气和地去处理问题，尽量在教室内化解矛盾。我对家贺是有愧疚的，这份愧疚让我改变了自己的工作方式，学会了与自己对话。

有时，我需要和一些家长进行面对面的交流，有些家长确实腾不出时间，我就开始尝试给家长写字条进行个别沟通，渐渐变成了每周末给家长写一封信，向家长讲述这一周班级值得诉说的故事，给家长提出一些建议，然后家长再以文字的形式反馈给我。通过这些充满诚意的书信交流，家长不仅深入了解了班级的日常运作和教育理念，而且他们的理解和支持也显著增强。通过书信交流，我赢得了家长的尊重，并感受到他们对班级工作的热情参与。这种积极的互动极大地促进了家校之间的协作，使得班级的凝聚力得到了前所未有的加强。后来，我的班级管理工作变得更加高效，也更加充满乐趣。

现在回想起来，我当初写每周一信的原因是家长的时间紧张，到校沟通有困难。在 BP 机时代，写信是一种很好的沟通方式。为了让信件达到有效沟通的目的，每当写信的时候，我都会认真思考需要写哪些内容、要按怎样的顺序组织内容、写这些内容是想解决什么问题、希望得到家长怎样的答复。在这样的思考中，我需要反复地修改内容。为了给家长提供好的建议，我会通过看书充实自己，在写信中磨炼自己，让这种沟通能成为有效解决问题的一种方式。

三、站稳讲台：锤炼技能，渴望成长

在一次班主任培训中，我有幸听到了全国优秀班主任高金英老师的报告，她的观点使我深受启发。高老师说："班主任应具备一定的本体知识，在自己所任的学科上造诣要深，要成为学生学习的高参；要完善自己的人格魅力，要真正关心学生，对学生要有人情味，让每一个学生感受'阳光的味道'；要正确引导自己的学生，养成良好的学习习惯、行为习惯，要用自己的责任心、爱心做学生生命中的贵人。"这次报告使我认识到，要成为一名合格的班主任，必须在知识素养、道德修养和管理能力上不断提升自己。

为了努力提升自己的专业技能，我开始抓住一切机会积极学习。我有意识地阅读与专业相关的书籍和杂志，拓宽自己的知识储备。我主动找校领导听课，向有经验的老师请教，接受他们对我的教育教学工作的指导。我开始认真地写教学反思，分析自己的得失，确定改进的方向。我的教学反思在学校的例行检查中被发现，成为样板在校内推广。同时，我还积极报名参加各类教学比赛、课题研究和论文征集活动，通过这些活动不断拓宽自己的阅读面，培养写作能力，积累教学经验。

在大家的支持和帮助下，我的专业水平有了很大的进步。我设计并执教的《坐井观天》一课在学区内七所学校进行现场教学，并获得了良好的反响。这次的成功经历让我看到了自己充满潜力的一面，也让我变得更加自信。最终，我顺利考取了教师资格证书，朝着理想中的自己又迈进了一步。

通过大量的阅读，我学到了很多有益的经验和方法。但是，我的阅读与写作也遇到了"瓶颈"，不知道读什么，写作上更多的是在刻意模仿。我意识到单凭兴趣阅读和写作无法达到理想中的专业水平。我迫切需要专业引领来指导我的成长。如果想在讲台上稳固地立足，我需要不断锤炼自己的专业技能，不断追求新的成长。

四、站领讲台：深度反思，研究实践

如果没遇到新教育，我的教育生涯也许会在"备课—上课—批改"这样的节奏中平静地循环下去吧。波澜不惊的生活、循规蹈矩的日子似乎也没什么不好，毕竟在大多数人的眼里，教师职业的优点就是"安稳"。

2015年，李丽校长外出学习回来，送给我一本朱永新老师写的《新教育》，至此"新教育"这个概念开始渗透到我的生活中。我不由自主地被书中关于"过一种幸福完整的教育生活"的理念吸引，书中提到新教育实验将改变学生的生存状态，改变教师的行走方式，改变学校的发展模式，改变教育的科研范式。

《新教育》描绘出了一幅幸福美满的画面，在这幅画面中，我看到了自己所追求的理想。书中提出了"十大行动"，包括构建理想课堂、营造书香校园、缔造完美教室等，每一个行动都让我心生向往。我意识到，我的教室必须成为一个充满活力和个性的文化空间，孩子们才能在其中得到全方位的培养，培养自己的德性、情感、知识、审美能力和综合素养。

更为幸运的是，2016年3月，我成为我区首批加入"新网师"学习的学员，得到了专家老师更为专业的指导，这让我的行动有了方向和力量，让我的精神也有了归属感和价值感。

于是，在我的教室里拥有了特色班名、班歌和口号等文化符号，它们是由孩子们和我共同创造的。教室的墙壁上展示着班级文化，窗台上的绿植充满生机，这些只是新教育实验中所提倡的"缔造完美教室"的骨架，但是我深知，班级文化不能只体现在形式上，更要体现在日常生活的方方面面，要让孩子们把班级文化"活"出来。

晨诵诗歌读起来了，孩子们有了对黎明的向往；班级的图书角建起来了，孩子们有了头脑加油站；班级小报办起来了，孩子们有了自己的精神家园；蒲公英小剧社成立了，孩子们拥有了自己的班本课程……教室里随处可见的蒲公英元素将蒲公英班"聚是一团火，散是满天星"的精神追求淋漓呈现。丰富多彩的活动让孩子们在一次次"遭遇"中成为更好的自己。孩子们在班级文化的熏陶下有了归属感，生命日渐丰盈。时间一年年过去，我与孩子们共同扎根在自己的教室，努力让每一个生命开出一朵花来。

转眼间，孩子们已经上四年级了，我开始担任年级组长。年轻而有活力的老中青三代教师组成的年级组，决定以学生的读写训练为契机，开始深入实践新教育倡导的师生"共读共写共同生活"。我们共同出谋划策，最终确定了《稚笔童心》训练手册的内容，每一页包含"经典晨诵""快乐午读""暮省手记""弟子规""文明礼仪实践小课堂"五部分内容，并制定了比较详细的评价表。在批阅手册时，我们通过文字与学生互动，倾听彼此的声音，师生在共读共写中共同成长。

一学年的实践过程中，我们看到学生在阅读、表达和行为习惯方面都有了明显进步。学生张天酬的爸爸在班级群中说：

学生每天在完成作业后，通过思考和反省自己一天的生活，用随笔和日记记录下精华，不断在反思中成长。养成反思习惯，是暮省的重要价值。这样的习惯，如果能够伴随学生一生，将使他们在学习的道路上不断超越自我，实现自我提升。这个手册我很喜欢。

我们学年组形成了一个紧密团结、互相激励、共同探讨问题解决方法的小团队。除了共同编写手册,《稚笔童心》也为我们建立起了读书会和磨课研课的机会。这种团队协作带来了丰富多彩且充满意义的教育生活,每一天都充满了期待。我们学年组这种"向上力量"也激励和感染了学校的老师们,一些老师明确提出了想加入我们小团队的想法。

在新教育理念的影响下,在校领导的大力支持下,我于 2015 年成立了"雪松工作室",带领着一群有智慧和激情的教师共同读书、共同写作,携手探索新教育。我们不仅是教育者,也是持续学习的追梦人。工作室通过实践和科研,不断改进自己的方法和教学方式,成为学校教育教学改革的排头兵。2016 年工作室获得了区级挂牌的认可。

五、暂别讲台:遭遇挫折,逆风飞翔

2016 年 8 月,我生了一场大病需要化疗。由于药物的副作用,我开始上吐下泻吃不下东西,脸色憔悴,记忆力严重减退,头发大把大把地往下掉。由于浑身没劲,我每天大部分的时间都躺在床上,身心饱受着痛苦的煎熬。然而,在经历手术和康复治疗的艰难过程中,我没有放弃学习。因为我深知,尽管无法决定生命的长度,但我可以通过学习来增加它的宽度和厚度。

我将目光投向我深爱的新教育领域,将参加"新网师"的学习作为自己的精神寄托。我完成了许多专业课程的学习,包括"家校共育""文学鉴赏"和"积极心理学"等。通过打卡和完成作业,我感觉阅读与写作是不断充实自我的过程,让我忘记病痛,乐在其中。

参加学习的这段时间里,我更加意识到教师专业阅读和专业写作的重要性,并了解到教师专业发展需要"专业阅读 + 专业写作 + 专业交往"的支持。我开始认识到理想课堂绝不是"模仿",而是要针对不同学生的需要去"创造"。我第一次听说了"根本书籍"的概念,它们是构建思考教育问题的基石。在语文教学中,我一直在寻找自己的根本书籍,直到遇见刘广文老师,并被他引领进入《阅读教学设计的要诀》这本书中。

在阅读这本根本书籍的过程中,我体会到了几个重要的原则。首先,阅读根本书籍并不是一件枯燥无味的事情。它需要我们全心全意投入其中，并勇敢打破原有的知识结构，在知性阅读中寻求新的启示。其次，纸上得来的知识往往是浅薄的，真正理解问题需要通过实践来获得。我们需要不断地思考、实践、反思，以建构自己的知识体系。最后，我们必须以立学为先，通过阅读来完善自己的知识结构，使教育教学达到更深的高度。

在王小龙老师的课堂里，我走进了《教师阅读地图》，走进了《教育人类学》，我才发现，自己之前的阅读是多么浅薄，一直在浪漫阅读里徘徊而不自知。在"新网师"课程的指引下，我读了很多的书，有《教育的目的》《改变教育的十二个关键词》《教育中的积极心理学》等，后加入课程研发团队与队友们共读了《课程与教学的基本原理》《学习、教学和评估的分类学》《教育目标的新分类学》等书籍，还结合工作室的研究目标和教学需要阅读了《绘本小史》《绘本之力》《看见绘本的力量》等。大量的阅读让我的头脑充实、精神丰盈；大量的写作让我记录下自己的思考，看见自己的成长。感谢"新网师"课程的引领，让我找到了自己喜欢的生活方式，也构造了自己的精神世界。

同时，在"新网师"中结识了一群可爱可敬的伙伴。他们就像是引领我前行的明灯，在他们身上我找到了学习和成长不断前行的力量。郭良锁老师、郭小琴老师、郑建业老师等，他们是影响我的重要他人，更是我学习的榜样。在榜样的激励下，我不仅全身心投入学习，还勇于挑战自我，积极参与"新网师"的义工工作。我的文字得以在刊物上发表，这不仅让我体会到了学习的成就感，更让我感受到自己内在生命力的顽强与蓬勃。我的生命，如同破土而出的幼苗，在逆境中展现出了不屈不挠的生长力量。

在"新网师"学习多年，我深刻意识到只有专业阅读是不够的，还要在阅读的基础上进行专业写作，因为写作是锤炼专业思维和促进教育反思的重要途径。在积极实践的基础上，通过写作深化理解，进行反思，让专业阅读与写作成为一种生活方式，并通过学习共同体和公开写作的方式激活学习成长的内驱力。比如，我所在的课程研发团队在王小龙老师的提议下，于2022年底开展了为期42天的阅读马拉松活动，提出了"六周六本书，冲刺迎新年！"的口号，每天进行集中阅读、朋友圈公开写作，挑战自己的极限。通过42天的挑战，我完成了《智力心理学》《发生认识论原理》《社会中的心智》等六本教育经典的阅读。在 2023 年国庆假期又提出了"在阅读中过双节"的口号，将团队共读对外开放，团队成员以认领讲课的方式挑战《以概念为本的课程与教学》这本书。大家克服了各种困难，使共读有组织，有合作，有收获！活动过后，大家在群里以文字的方式诉说着各自的收获，分享着成长的喜悦。专业阅读和专业写作帮助我们重新定义了自己。通过阅读相关书籍，参加共读活动，我逐渐找到了新的生活方式和精神寄托。

六、超越讲台：打破舒适，输出成长

还记得 2017 年 4 月结束了最后一次治疗，我带着对新教育的信仰和对学习的热爱重新返回了校园。作为一名教师，只有走在校园里，我才能感到自己生命的存在；只有站在孩子们中间，我才能找到自己生命的意义！

我已经准备好了——在接受治疗的日子里，在我感觉不那么难受的时候，我重新梳理了校本课程的结构，对蒲公英小剧社的活动教材进行了完善和补充，并编写了"有趣的儿童诗"教材和"绘本导读设计"。从现在开始，我便可以带着我的孩子们在戏剧中体会百味人生，在儿童诗中感受多彩的生活，在绘本阅读中建构精神家园！

我将把自己从"新网师"课程中学到的理论知识与学校的课程实践结合起来，真正突破传统教育的壁垒，让理论指导实践。回到学校之后，校领导安排我担任了教学主任工作，给我提供了一个更大的舞台，并投入大量的人力和资金，全力支持我在学校开展新教育实验研究。工作室重新启动，教师读书会重新启航，新教育实验全员参与。工作室成员还针对课程实施过程中存在的问题寻找到合适的切入点展开了课题研究。一切工作都在平稳、有序、高效地进行着。2020 年，工作室因工作扎实、成果显著被授予沈阳市创新工作室。

2021 年和 2022 年，工作室连续两年在沈阳市"盛京杯"创新大赛中获奖。这与工作室成员认同和践行新教育理念密不可分，因为我们工作室的成员全部来自教学一线，他们将写作与实践始终编织在一起，边实践，边观察，边记录，边反思，形成了大量一手资料。不仅自己阅读和书写，还带着孩子和家长一起阅读和书写，彼此交流对话，记录成长。做到了"只有做得精彩、活得精彩，才能写得精彩"。在共读共写中，激发了孩子的阅读兴趣，提高了家长的指导水平，提升了自己的专业能力。

自2017年起，作为沈阳市教育研究院教育评估研究部的外聘专家，我有幸参与了多个关键项目。"新网师"的专业学习不仅增强了我的工作信心，也赋予了我坚实的专业基础。通过"新网师"的培养，我锻炼了独立思考的能力，提升了敏锐的洞察力，并培养了良好的合作精神和面对挑战的勇气。我养成了良好的阅读和写作习惯，这使我能够快速吸收新知识，并勇于表达自己的见解。通过广泛阅读专业书籍，我的工作能力显著提升，不仅增强了专业性，也提高了权威性和指导力，从而获得了院领导与同行的高度评价和认可。

2021年，为了锤炼自己的专业技能，更好地评估理想课堂的教学效果，我拒绝了担任大赛评委的邀请，毅然作为选手参加学科工具研发的比赛，经过初赛、复赛，最终获得了一等奖。我愿意打破舒适圈，从"浪漫"出发，不断地突破自我，重新书写自己的教育故事。人不就是在不断自我挑战中才能获得新的成长吗？

2023年，我荣幸地被"新网师"聘为"小学低段绘本"课程讲师，这不仅是对我的专业能力的肯定，也让我有机会将我的专业根基扎得更深。这份认可让我感受到被看见的幸福，激励我继续在教育的道路上深耕细作。

回顾27年的教学生涯，我始终热爱着讲台、学生和教育事业，全心投入，无怨无悔。专业阅读和专业写作是我成长的基石，它们让我在教育的土壤中扎根，不断吸取知识的营养，同时激励我勇敢面对挑战，坚定地向上生长。

有一种深爱叫扎根，这是我对教育的承诺，也是我对未来的展望。我将继续以专业阅读和专业写作为伴，深化我的教育实践，与我的团队和孩子们一起，追求一种幸福而完整的教育生活。我相信，通过我们的不懈努力，教育的力量将不断生长，滋养每一颗心灵，成就每个孩子的独特光芒。

（工作单位：辽宁省沈阳市皇姑区宁山路小学松花江校区）

岁月的犁铧，生命的歌

邱常培

老夫聊发少年狂，左牵黄，右擎苍，锦帽貂裘，千骑卷平冈。为报倾城随太守，亲射虎，看孙郎。　　酒酣胸胆尚开张。鬓微霜，又何妨！持节云中，何日遣冯唐？会挽雕弓如满月，西北望，射天狼。

——苏东坡

职业生涯叙事，是对生命过程的梳理，对生命意义的审查，对生命价值的自我判断和认同。我的职业生涯经过时代的磨砺而坎坷曲折。虽然没有苏东坡的豪气冲天，也不会射天狼，但也想聊发天命之狂。鬓微霜，又何妨！沉潜于"新网师"的同时，我仍然投身于教育事业，仍然有不输壮年的勤奋。而且，还在不断遇见美好。

一、苦难童年磨砺出来的生命本色

我生命中的每一场遭遇都很艰难，也让我永生难忘。它们成熟了我的心智，让我拥有了健康的体魄。所以，生命中的一切遇见都是最好的安排。

（一）困苦年代形成不惧风霜的品格

我出生在一个很不幸的年代。我的童年生活是苦涩的——祖辈有几亩田地因而被归为地主家庭，导致家庭"成分不好"。只有经历过的人才懂得那时"成分不好"意味着家里的日子过得有多煎熬。父亲是解放前的私塾老师，也是我们当地的文化人，母亲虽然没有读多少书，却也是个能干的人。那时候是靠赚工分来分粮食的，我们家9口人（父母和我们兄弟姐妹七个），能挣工分的只有父亲亲两人。分得的粮食很少，经常吃了上顿没下顿，一年到头只有腊月三十才能打上一顿牙祭——好好吃上一顿肉。挨饿的那段时间，"能够吃上一顿饱饭"是当时最大的心愿。记得3岁的时候，家里连续几天没有吃过粮食，就靠吃"牛皮菜"充饥。父母每次都要看着我们兄妹吃饱了才端碗吃饭。

母亲特别善良。即使家里的玉米粥连我们自己都不够吃，也要经常请山上下来逃荒的亲戚到家里吃饭，自己却啃生红薯。她的这种品质深深地影响着我和我的小家庭。每当我看见贫困家庭、离异家庭的孩子，就好像看见了童年的自己，一种发自内心的、不自觉的复杂情感就会从整个身体中冒出来。在我的眼中，这些孩子从来都不是麻烦，而应该给予他们更多的爱。乡镇学校大部分留守儿童都是住校，我每天晚上都会带着值周教师巡查寝室，经常给孩子们盖好被子，看着他们进入梦乡才回到寝室，一日三餐看着他们吃得饱饱的，心里无比慰藉。

（二）经历了风霜的生命更顽强

5岁那年的冬天特别寒冷，家里的水桶冻得爆裂了，冬水田里结的冰用斧头都难以砸破。一个雨夹雪的早上，父母和往常一样，天不亮就扛着锄头、背着弯刀随"生产队"下地干活挣工分去了，姐姐、哥哥们都各自出门上山砍柴、割猪草，家里只剩下我和两岁多的妹妹。穿着满是补丁的衣服，没有火烤，没有午饭吃，整个下午我俩都坐在家门口望着那条崎岖的山路，苦苦等待爸爸妈妈回家。外面刺骨的寒风裹着雪花，夹杂着小雨，妹妹的裤子被淋湿了，结了冰，用手一捏，发出嘎吱嘎吱的声音。一双小腿冻得发紫，手脚都快僵硬了。我们都只穿了一双露着脚丫的胶鞋，已经冻得无法走路了。

那天，时间过得特别慢，天总是不黑。"妈妈多久才回来呀？"我在内心一直呼唤着。寒冷已经代替饥饿，妹妹全身都冻得发抖。这时，邻居一位姓沈的好心阿姨路过，连忙把我们抱回她家，生火慢慢将我们的身子烤暖和，将湿透的衣服烤干，还给我们烧红薯吃。父母很晚才把我们接回家，因为这位善良的阿姨，我和妹妹才捡回了一条命。至今沈阿姨的高大形象还深深地烙在我心里。后来听妈妈说，那位挽救我和妹妹生命的阿姨是一位炊事员。到现在，我对炊事员这个职业很尊重，在我童年的灵魂里他们是那么伟大，善良的种子从那时起就种在了我幼小的心灵深处。

因为习惯了极寒极冷，所以我现在一点不怕冷。也正是那个饥寒交迫的年代，锻造了我现在的好身板。年轻人都羡慕我的精力充沛，因为生命经历过风霜，所以显得格外蓬勃。

（三）"再苦，也要读书"

"再苦，也要读书"，父亲经常这样教育我们。6岁时，我背着母亲用无法再缝补的裤子改成的书包，书包里装着一支铅笔，一本父亲用白纸裁成的作业本，高高兴兴去了学校。早上吃剩饭，几乎天黑了才回家。每天回家后父亲要检查我们的学习情况，用他捡来的纸烟盒当我们的听写本。听写完当天学习的词语后，就围坐在"火坑"旁听父亲讲《三国演义》《水浒传》……我常常被《三国演义》中的忠诚和谋略所吸引，为《水浒传》中的豪情所折服。那时没有童书读，能够听父亲讲书，已经是很富足了。正是父亲的耳濡目染，让我从小爱上了故事，爱上了读书，爱上了经典。

那时没有什么理想可言，只要能够找到一份工作，实现"打钟吃饭，盖章拿钱"，能够"丢掉锄头，不过天晴晒下雨淋的生活"就是全家人的最大愿望。于是我发奋学习，终于考上了师范，为父母争了光。记得录取通知书寄到我家的那天，母亲激动得热泪盈眶。现在我对这份工作的珍惜，对教师这个职业的敬畏，也是源于这种初心——用勤奋改变命运。

童年的磨砺是最好的生命锻造，没有经历过风霜的灵魂不知道生命的弥足珍贵。回忆自己童年的经历，对照当下很多孩子对生命的浪费，我们的教育是否缺少点什么？孟子在《生于忧患，死于安乐》中写道："天将降大任于斯人也，必先苦其心志，劳其筋骨，饿其体肤，空乏其身，行拂乱其所为，所以动心忍性，曾益其所不能。"这句话是否刻写在我们的教育里？浪漫的童年期也是我职业生涯的一笔宝贵财富，因为我的善良与激情，硬朗的身板和对生命的敬畏都来自我的童年。

二、山里山外的教育

1988 年，我师范毕业，被分配到一所海拔 2000 米的村小。

这是一所典型的偏远村小。我极不情愿地拿着调函，在母亲的千叮万嘱下，走了 5 个小时的山路，来到了学校。看到破烂不堪的校舍和一间用茅草隔起来的寝室，所有的憧憬都烟消云散，心酸的泪水夺眶而出。自己苦读苦练，十年寒窗就是想摆脱农村，摆脱山沟沟的贫穷、落后、愚昧，指望能有一个让自己实现梦想的工作环境，有一份让父母过上好日子的工作，没有想到现实却是如此之残酷。和自己上师范时生活的城里对比，真想一走了之，不要这份工作了。凭我的身体和文凭，到城里打工照样能活得好好的。但当我回想起自己的童年，看到那些和我童年一样需要知识、需要教育的孩子们，最终还是打消了这个念头。

吴建英校长说："虽然我不能选择环境，但我可以在困难的环境中主动成长。"我安下心来了解来自三个村的 30 多个孩子。他们衣着破烂，蓬头垢面，但都有一个特点：天真朴实。第一次看见一位正式老师来了，他们眼里都发着光，用充满期待的眼神望着我。这批年龄差异很大的孩子，最大的已经 14 岁了，才上三年级，最小的才 5 岁。我自然成了三级复式班老师，既当校长，又当炊事员。虽然没有经验，但看着这一双双明亮发光的眼睛，回想起自己的童年，我曾经也和他们一样，多么希望通过读书改变命运。如果我能够让他们通过读书走出这座大山，走到城市里去，成为这些孩子的铺路人，我的人生价值不就实现了吗？

于是我下决心要用自己的爱为这些山里的孩子铺设一条走出大山的幸福之路。

（一）劳动教育润童心

朱永新老师说："站在教室中央的那个人决定着教育的品质。"我相信，只要有一颗教育初心，再落后的条件也能实现教师自己的教育理想。

大山里可以有更自由的教学安排。我自己安排课表，那时学校没有统一要求，更没有人来检查，除语数课外，我还安排了音乐、体育、绘画、读画画书（连环画，那时农村没有课外书读）、劳动等课程。读画画书这节课是孩子们最期盼的，起初是孩子们自己看图画，读下面的文字。那时最多的是关于战争的连环画，如《王二小》《渡江侦察记》《奇袭白虎团》等，后来就试着让孩子们讲看过的故事，并把画画书拿回去讲给家里的人听。

有一天，下地干活的学生家长也来到学校，在教室外听孩子们讲故事。村长也来了，还要我给他们讲故事。我抓住这个机会，给这些农村父母讲了读书的神奇力量，讲凿壁借光、头悬梁锥刺股等传统文化苦读的故事，启发、引导这些父母要让孩子多读书。从那以后，很多父母赶集都要给孩子买一些画画书回来。在这个偏远的山区，我播下了阅读的种子。

苏霍姆林斯基在《给教师的建议》中写道："儿童的智慧出在他的手指上。"让孩子的智慧在劳动中发现，享受劳动的欢乐，尊重劳动，是我当时潜意识的做法，因为我是农民的儿子。

当时，城里的人看不起农村干活的。为了让这些孩子不认为劳动低人一等，我在学校旁边开垦了近一亩地，作为劳动课的研究基地，也把种出来的粮食蔬菜用来改善孩子们的伙食，解决孩子们的中午饭。

根据孩子的年龄，我把他们分成了几个组，分别种蔬菜、土豆、玉米和葡萄。蔬菜、粮食组的要从翻土开始观察记录土壤的变化，播种后观察生长的过程。葡萄组的要先了解葡萄的生长需要哪些条件和幼苗的培育方法。每个组都有记录人、观察变化的发现人，发现了哪些现象，都要记录下来。

孩子们有了好奇心，我就给他们找来一些种植的书籍，让他们自己去阅读，去收集。于是，在这群山里的孩子口中，出现了光合作用、水分、土壤的成分、养分等一些与植物生长有关的词语。

等到蔬菜、粮食收获后，我就带着孩子们做饭，把吃不完的拿到镇上去卖，把卖的钱拿去买孩子们喜欢的书。于是我们的教室有了《安徒生童话》，有了《西游记》连环画，当孩子们吃着自己种的饭菜，享受着自己的劳动成果时，他们脸上放出异样的光彩，心中洋溢着快乐和幸福，劳动光荣的观念也在这个过程中形成了。

苏霍姆林斯基说："对许多农村学校来说，就是应当用思考，用科学认识的光芒来照亮普通的农业劳动。只有把土地、果园、菜园当成思考的实验室，把单调的劳动过程不是当作最终的目的，而是当作达到目的的手段，使人享受到创造性的、研究性的、试验性的劳动的欢乐，才能产生对农业劳动的热爱。即使当一个人翻地、施肥、挖粪的时候，他也可能体验到一种智力的欢乐——研究者和创造者的欢乐。当一个人看到，在劳动中可以使用自己的智慧和才能的时候，他就能享受到这种欢乐。……应当使农村生活的世界成为思考、书籍、阅读、深深地尊重知识、科学和文化的王国。"我让我的这群农村孩子在劳动中感受到了欢乐，感受到劳动可以创造价值，劳动是光荣的，消除他们心中对劳动的偏见。

那个时候的我没有读过《给教师的建议》这本书，也不知道苏霍姆林斯基为何人。没有什么理论知识，只是凭着一种感觉，一种对农村孩子的真爱，一切行为都是无意识的。这个过程有遗憾也有收获。遗憾的是，如果那个时候有"新网师"的专业发展，能够涉猎到杜威、苏霍姆林斯基、怀特海、佐藤学的教育思想，能够受到孔子、陶行知、蔡元培等国内教育家的理论滋养，用专业的视角去开发这些课程资源，去引领这群山里娃，他们的命运也许会更好，我也早就有了自己的课程。收获是，山里最淳朴的教育也是一种美好的自然教育，艰苦的环境一样能长出教育智慧，只要心怀大爱。

（二）埋头拉车获提拔

我的职业经历了村小老师—教学骨干—教导主任—校长—教委副主任—校

长。在村小工作两年，教三级复试 42 个孩子，我没有向任何人诉苦，默默地、一个人守着一所学校。白天上课，晚上点煤油灯改作业，备课，看书。单元试卷是我晚上用蜡纸刻钢板，到中心校去油印出来的。

因为我的付出，这所学校的考试成绩连续位列全乡第一名，名列全区前茅。我从来没有申请调动却被调到中心校担任毕业班班主任，一干就是十年。由于肯干，无声无息，无怨无悔，教学成绩突出，后被提拔为教导主任、副校长、校长，后来到教委任副主任，所有的成长都是埋头拉车的结果。因为我珍惜这份来之不易的工作，敬畏教师这个职业，真心爱我的学校、我的教师、我的孩子们。

（三）因新教育而逆风起飞

我对李庆明校长讲到的"蚂蚁"智慧有深刻的感受。蚂蚁扎根田野，深耕细作；蚂蚁用微小的身体撼动大树；蚂蚁勤劳团结。这些智慧正是我们教育人应该具有的。

2019 年，我以双重身份（教委副主任兼学校书记、校长）来到一所城乡接合部学校——复兴小学，这时我已经是年过半百的人了。按照常理，应该享受即将退休的悠闲生活了。但当领导找我谈话时，我没有犹豫就欣然接受了，因为我是教师。我的最好阵地是学校，最幸福的生活在教室，最亲密的伙伴是教师和学生。之前也了解这所小集团化规模学校的一些困难，但我没有丝毫抱怨，而是以一种蚂蚁精神，循序渐进地、一点一点地深耕。家人和同事都非常不理解我为什么要去自找苦吃。马增信老师说过这样一句话："人虽然不能精彩地年轻，但可以优雅地老去。"我比马老师小三岁，这句话是对我现在生活的真实写照。像一只领头的蚂蚁，带领师生寻求教育的幸福。

我接手的是一所典型的城乡接合部农民工子弟学校，务工人员子女占80%，留守儿童占60% 以上。教师平均年龄为 48.5 岁，严重的职业倦怠、享乐主义成为校园的主流。老教师盼晋级退休，年轻教师处在一种分离状态，每天盼着早点放学回家忙着"第二职业"。老师们对我说的最多的一句话是："邱校长，你来了，我们的节日慰问金、电话费更有保障了吧？"

面对这样一所让人揪心的学校，我该做什么？我该怎么做？我一次次地叩问自己：是顺应"民心"，违背良心，四平八稳地过渡，还是逆风而行，做自己应该做的事情呢？带着这样的追问，我静下来，走进教室，贴近孩子，去倾听孩子的声音；走进家庭，去倾听家长的心声；走进《新教育实验》《新教育年度报告》，去寻求拯救良方，让这些农民工子弟，这些留守儿童也能过上幸福完整的教育生活。

在挑灯夜读朱永新老师《我的教育理想》一书中，我知道了新教育是什么，为什么，怎么做；知道了新教育的起点、路径和方法。要让这些随迁子女也享受一种幸福而完整的教育生活，为孩子的心灵打开一扇扇窗，让这些沉睡在舒适区的教师感受到生命的神奇和职业的幸福，新教育实验开出了最好的药方。

没有借鉴和经验，我只自顾自地按照书中"十大行动"的要求，利用新教育在线的资源，开始试着启动第一项实验——营造书香校园。首先让教师读起来。学校实施方便书架建设，在教师办公室购置方便书架，在教室建设班级书柜，再将图书室改装成休闲书吧。给每位教师购买《给教师的建议》《孩子们，你们好！》《静悄悄的革命》等教育书籍。组建四个读书共同体，开展共读共写活动。开设晨诵、午读、暮省儿童课程，全校学生整体购买新教育晨诵，新教育基础阅读书籍。每天50分钟的午读时间决不许占用。为了营造阅读氛围，午读时播放轻音乐，让孩子在舒畅的环境下享受阅读。这样坚持了一段时间，校园悄悄地发生着变化，有了书香味。

可是好景不长，新鲜感过去后，随之而来的是晨诵让老师早起床，午读占了老师的午休，暮省增加了老师的批改工作量。老师在背后开始议论，这些所谓的新教育，增加了老师的负担。有发朋友圈吐槽的，有消极应对晨诵、午读的。发现这些负面情况后，我没有丝毫犹豫，毅然逆风而行，而且加大了检查力度。

疫情期间，我加入由新教育研究院组织的"云伴读"，过上"闭门就是深山，开卷即是修炼"的生活，和专家一起读了32本书。通过自己的理解，发起全校教师跟着专家读名著的活动。利用CCtalk平台，引领部分教师共读了《教育的目的》《教学勇气》《论语》等书籍。

通过一年多的坚守，晨诵、午读、暮省成为孩子们的一种生活。每天早上的校园充满了诗意，读书成为一种习惯。孩子们通过晨诵诗的浸染，成了小诗人，写出了我们都不敢相信的诗。我将这些珍贵的小诗编印成诗集，呈现给家长和孩子自己。我们的诗社也应运而生了，每月发表一次孩子的诗歌。利用每天的午饭时间，在广播站孩子自己向全校朗诵自己的诗歌，这成了他们最大的荣誉。借力新教育小学基础阅读书目，我们开发出自己的阅读图谱，语文老师通过反复论证，研究出 100 本经典图书书目。

学校因阅读而改变，教学质量得到了大幅度提升。老师们也渐渐找到了自信，找到了职业的尊严，师生在学校的幸福指数越来越高。我深信，教育就是一种唤醒，唤醒需要时间，需要坚守，我要做一个逆风而行的守望者。

（四）因皈依"新网师"而沉潜学习

为了系统地开展新教育实验的"十大行动"，向榜样学习，我勇敢地加入了"新网师"。写阅读史，填申报表，一切都是自己一个人摸索。因为我是城口县首个加入"新网师"的人，收到录取通知书的那天，一个到天命之年的人居然激动了好一阵子。

于是开始买书，预习，开始试着啃读。第一次打卡，第一次提交作业，一切都是那么新鲜和笨拙。2019 年，我参加了在太原举办的"新网师高级研修班"，有幸聆听了李镇西老师的专题讲座，得到了"新网师"郝晓东老师的面授，感受到了新教育学校的魅力，坚定了我开展新教育实验的信心。同年，我带领教导主任、骨干教师、语文学科组长三位年轻教师，前往海门参加了新教育年度生命叙事现场会，领略了榜样教师、君子兰班的班主任高波老师的完美教室的生命活力；赏阅了杨百灵、林忠玲等校长、局长对新教育的执着；观摩了海门市新教育实验学校。新教育文化、新教育课程、新教育德育给学校带来的福利让我们震惊，我们一行在归途中就下定决心，不管有多大的困难和阻力，不管风多么强劲，我们都会做逆风而行的新教育守望者。

加入"新网师"以来，有人这样评说我："都 50 多岁的人了，还加入'新网师'，整天读书、写作，要么是有病，要么是显摆。"从相遇、相识、相爱到皈依"新网师",外人看我是逆风而行,我却沉浸在"新网师"里享受幸福而完整的教育生活。

从"新网师"第一门课程"给教师的建议"开始,在"新网师"里的所有人的啃读精神时时感染着我,激励着我。从那时起,我便改变了自己的生活方式,坚持天天阅读,天天打卡。我原来是一个不敢写、害怕写的懒人,现在被一群狂写的人拖着,慢慢地,我也能写出 1000 字以上的打卡日记了。

2020 年,我打卡 198 次,有 39 篇被置顶。一门课程获得优秀,两门获得良好,有幸被评为百名榜样学员。点评员精当的点评,给了我写作的动力。坚持每天写,盼望每天都能够得到点评员的鼓励,这样的生活,只有在"新网师"里才拥有。放弃了散步悠闲,减掉了各类应酬,省去了人情世故、煮酒高谈,选择了在"新网师"里沉潜。坚持与经典为伴,与写作为乐,与"新网师"里这群尺码相同的人为伍,与李镇西、郝晓东这样的教育大咖同行为荣,这是"新网师"人的幸福。

自皈依"新网师"以来,在讲师的指导下,我啃读了《民主主义与教育》《教育的目的》《夏山学校》《静悄悄的革命》《改变教育的十二个关键词》《教育的情调》《教学勇气》等几十本教育专著。在郝晓东老师、王小龙老师的领读下,共读了《教师阅读地图》《犹太王国》《圣经的故事》等书籍,让自己的生命丰盈了。

(五)因自身成长而成为新教育的点灯人

2019 年,我鼓动另外两位老师一起加入了"新网师"。其中一位坚持了半年,因为生孩子,放弃了学习。抱着对新教育的无限信任和对"新网师"人的敬仰,我坚持了下来。和另外一位老师一起将"新网师"里的勇猛精进、专业发展和生命变化向身边的老师传播,引导更多的老师加入。

看到我的文章发表,看到我打卡日记越积越多,看到另一位老师的变化,一部分老师心动了。在 2019 年下学期就有 21 位老师通过审核,成为"新网师"学员。抓住这个契机,我定期组织"新网师"学员分享会,邀请本校教师和其他学校的校长参加。看见昔日的老师在"新网师"里的蜕变,看见"新网师"成员的教育激情被点燃，更多的老师、校长动心了。2020年秋季，全县有221位教师加入"新网师"，过上了专业阅读、专业写作、专业交往的生活。

一朵具体的花，远胜过一千种真理。新教育实验的发起人朱永新老师有着普照天下的悲天悯人大情怀，让每个师生都过上一种幸福而完整的教育生活。作为城口第一所沐浴新教育之光的校长，应当去点亮心灯，唤醒那些向往新教育的人。

一个区域的教育局长对新教育的信任是整体推动新教育实验的关键，2020年，我陪伴有教育情怀、爱读书的教委主任滕远贵同志参加了在江苏大丰举办的新教育20年年会，会上见证了新教育试验区的迅猛发展。在这期间，我们见到了李镇西、郝晓东、邱华国、吴虹等一批新教育专家，深度了解了新教育对区域教育的影响力和助推力，为全县整体推进新教育实验打下了基础。有了领导的认同，有了"新网师"种子教师的榜样，区域整体推进新教育实验便有了土壤。如果能有一朵小花，便能引来蜜蜂。于是我组建了一个本土新教育讲师团，我亲自带队，到有基础的学校进行晨诵、午读和完美教室缔造等专题讲座。一年以来，10位教师开展20多场晨诵课程、完美教室缔造专题讲座，举办"新网师"分享会10多场。

看见这些本土"新网师"的精彩演讲，看见一间间富有生命的完美教室的生长，看见校长的激情被点燃，教师的梦想被唤醒，加入新教育实验的欲望被激发，作为新教育践行者，作为"新网师"人，我感到无比兴奋。

2020年，有5所学校开始行动，10多所学校出台了教师加入"新网师"的奖励办法。看到这样的场景，我能够成为新教育的点灯人，哪怕吃再多的苦也愿意。教育是唤醒与守望，能够唤醒一群人，守望一间教室，守望一所学校，守望一群孩子，这就是新教育人的追求与梦想，是一种真正幸福而完整的教育生活。

三、结识新教育人，开发新课程

蚂蚁有着田野智慧，更有寻觅新食源的灵敏品质，开发课程就是给学生寻觅最好的营养食物。

朱永新老师在《我的教育理想》一书中写道："一所学校要有自己的风格。学校最好的风格就是开发出自己的特色课程，因为课程的丰富性决定着生命的丰富性，课程的卓越性决定着生命的卓越性。"疫情防控期间，参加 2020 年初苏州半书房主办的"云伴读"活动，我有幸结缘了"云伴读"活动的组织者、苏州半书房的创始人、新教育管理研究所的邱华国所长和苏州半书房学术总主持张安仁老师。在他们的推荐和指导下，学校研发出了国内首个"通识阅读课程"。

这一课程的开发，由于在 CCtalk 平台上授课，打破了传统的课堂授课模式，让学校的教师成为组织者、指导者、陪伴者、学习者、研究者。所有孩子、家长都可以学习，而且是随时、随地都可以学。通过这一课程，老师、学生、家长形成了一个不受时空限制的"学习共同体"，而"通识阅读"又是以哲学为基础研发出来的一套理论体系＋方法体系＋内容体系的课程体系。不仅在课程结构上涵盖少儿哲学、学习力、文学等维度，而且兼顾学生的阅读写作能力提升、家长的家庭教育状况改善、教师的教学教研水平提高。

这样的课程，无论是在理念上还是在内容上，都是我们学校迫切需要的，而且成为师生"幸福完整的教育生活"的一部分。和苏州半书房牵手，让我们山区学校提前进入了"未来学校"教育，打造出"山村未来学习中心"。通过云端教研，我们开创了云端教师专业发展培养模式，打通了与外界的交流通道。

四、丰盈余生，朝向明亮那方

从经历苦难的童年到走向三尺讲台，从迷迷糊糊地教学、懵懵懂懂地工作到仅靠勤奋走向管理岗位，承担着每个孩子的成长，肩负着学校的发展与兴衰。虽然有着满腔热血，一心想通过兢兢业业的工作、勤奋刻苦的学习和对孩子全身心的爱，来改变自己的命运，实现自己的教育梦想，但受限于时代，没有"新网师"里的"三专"夯实自己的理论基础，没有名师专家的指引，更没有去啃读教育经典来奠基自己的底层逻辑的意识，所以一直都处在职业的浪漫期。

从教 30 多年，用岁月的犁铧，耕耘着三尺讲台，但自己的梦想还是在苦苦追求中。直到遇见"新网师"，遭遇教育的困境与顿悟，才知道什么是自我认同和自我完善，才真正触摸到教育的真谛，才真正认识了自己。从朱永新、李镇西、郝晓东这些教育大家身上洞悉了专家是如何形成的；从刘广文、冯美娣、王小龙等一大批"新网师"榜样学员身上见证了专家型教师是如何炼成的。一生很短，能够抓住退休的尾巴，通过在"新网师"里的涅槃，来丰盈自己的余生，也是我人生之大幸。

前 50 年，自己在糊里糊涂中度过，浪费了自己的生命。2019 年加入"新网师"后，对教育、对自己的人生陡然有了灯火阑珊处的豁然开朗，云开雾散后的大彻大悟，教育的美丽风景原来是这样的多姿多彩，自己失去了太多的欣赏机会，没有抵达的景点太多太多。

生命如歌，在不停的耕耘中吟唱。进入职业的精确期，能够沉潜"新网师"，享受余生的教育幸福，过好后 50 年的生活，让自己和马增信、郭小琴等"新网师"人一起优雅地老去。我会终身沉潜"新网师"，努力走向综合期，朝向明亮那方，去拥抱幸福而完整的教育生活。

（工作单位：重庆市城口县第二实验小学）

爱我所爱，诗意栖居

殷德静

2000 年 6 月，我从师范学院毕业。由于在校期间表现优异，英语系主任要求我暂时留校，作为外聘人员，管理五年制的学生。随后的一年里，我边工作边学习，想通过考研正式留校。然而，因为我的学历是专科，需要先考本科再考研，过程艰难。为了解决我的就业问题，2001 年 9 月，我搭上了分配的末班车，就职于市内的一所中学。从此，我开启了初中教学的人生经历。

根据怀特海在《教育的目的》中的阐述，回顾自己的教育历程，可以分为三阶段。

一、2000—2010 年：浪漫阶段

这一阶段，我对教育充满了信心、幻想和好奇，也有清晰的方向，就是努力做一名优秀的英语教师。这个过程中对教育的认知和思考也足够丰富。我从以下几点开始提升自己：

认真备课，积极听课，对教育、对学生充满热情。每天早早到学校，打扫好办公室的卫生；为年长的老师备好茶水，虚心向他们求教；如饥似渴地阅读学校订阅的各类图书。慢慢地，在英语教学中，在当班主任的过程中，在阅读

书籍的时候，我对各种教育现象，有了疑问和思考，也想通过进一步的努力，来寻找自身提升的方法和途径。

在这一阶段，我开始间断性地记录自己的教育生活，但缺乏系统化和条理化。

随着网络的普及和发展，我找到了专业发展的共同体——"新网师"，让自己能站在集体的肩膀上攀升。

回看这一阶段，我的阅读停留在《读者》《青年文摘》《教育时报》等报刊上，缺乏根本性书籍的滋养。大多时候是围绕教材、教参、教辅资料进行，专业的写作更无从谈起，零散的记录仅限于一些日常的生活日记。再来回看自己的专业交往，主要是来自学校教研组和候课室的同事互助，大多数都是围绕学科的听课内容进行交流。同事之间的班级管理方法仍是沿用老教师传递的经验，所以在专业化的道路上，并没有多大的精进。

二、2010—2020 年：精确阶段

在这一阶段，我开始通过精确的知识细节进而领悟教育的原理，并用来指导自己的教育教学工作。

带着自己的诸多困惑，我开始了我的精确阶段。首先是专业阅读，这期间，我有幸成为新教育的种子教师和新教育萤火虫义工，不断参与种子计划的各项活动。通过听课、晨诵、参加研训营等活动，我不断反思自己、修正自己和提升自己，让自己在大量的阅读中遇见一个并不完美的自己。

从 2013 年开始，我坚持写教育日记，同时我开始积极寻找专业发展共同体。在繁忙的教学之余，我一直没有停止成长的脚步。我努力寻找能够继续学习的平台和机会，寻找专业发展的共同体，让自己站在集体的肩膀上飞翔。每周四晚 8:00，我会准时守候在电脑前，参加"全国班级联动"QQ 群的班主任讲座，聆听、记录并实践。另外，作为中国新教育种子计划的种子教师，每周三晚上 7:30，我会参与种子计划的学习和讨论。2015 年新教育网络师范学院成立，每学期必修两门课程。目前，我已经以优秀成绩结业的课程有"新教

育通识""班主任管理""民主与教育""积极心理学""电影鉴赏""文学鉴赏"《夏山学校》共读""教育写作"等。

在这一时期，我重点从以下几个方面进行坚持和完善。

（一）坚持每天和学生一对一谈话，用火热的爱心，去感染每一个与我相遇的人

在"新网师"的日常学习中，我懂得了真正的职业信仰，拥有了深厚的职业情怀。长期以来，我坚持每天和五个学生一对一谈话，了解他们的家庭情况、学习困惑，帮助他们树立人生目标和远大梦想。我关心学生就像关心自己的孩子一样。既关心他们的生活，又关心他们的健康，还关心他们是否懂得怎样做人。对于我班的学生，我在时间上陪伴，在学习上帮助，在人格上引领。我教过的所有学生都会亲切地喊我"班妈"。

我和他们谈话的内容围绕着以下几个方面进行：

（1）谈谈他们最近的生活和学习状态，了解学生的现状，及时给予指导和帮助，并提出合理化建议，减少他们的焦虑和压力。

（2）谈谈他们的近期学习目标。没有目标，学生会无所事事，无所适从，随波逐流，以至于对未来毫无希望，现实中毫无改变。和他们谈目标的过程中，如果谈话中的某个同学给自己定的目标有点低，我会引导他提高对自己的要求。因为洛克定律指出：目标要"跳一跳"够得着。对学生的目标引导，是我日常谈话的主题。

（3）谈谈他们学习和生活中的困难。有的同学胆小内向，所以他的困难可能只有我在谈话中才能听得到，了解他们的困难，就是对他们最大的帮助。而且以我们的专业能力给予他们指导，显得更加重要。

（4）谈谈他们想对老师说的话。作为特优班的学生，一般都不会有大的过错，所以，千万不要等到出了问题再来喊他们交流。我们一定要给学生留一个倾诉的通道，让他们的情感自然流淌。

长期以来，我坚持不断地和学生谈话，增进了师生感情，增强了学生信心。通过谈话，给予学生理解、关怀和引导，让教育达到事半功倍的效果。谈

话本身就是师生的彼此陪伴，共同成长。而教师的语言又具有特殊意义，那就是在悄然无声中润泽学生的心田，滋养他们的生命。在我的影响下，我校的年轻教师也积极每天与学生进行谈话。比如李楢老师在每位学生的名字前面都标注着是否已谈话的记录，他们不是培优班，但是他们的成绩出奇的优秀，这就是谈话带来的神奇作用。

每天的交流如我的呼吸般自然且无负担。虽然有时候会拿成绩说事，但是长期以来，我关注生命教育高于对成绩的要求，这样往往成绩都不会差。个体谈话是对生命个体的尊重，是对个体生命的独特性、唯一性的尊重，也是对学生的最高尊重。没有人能阻止我们更多地爱自己，爱自己的最好方法就是使自己变得更加完美。作为教师，我们还有义务通过生命教育使学生的个性变得丰富而舒展，使他们的人格变得正直而强健。关键是通过每天的谈话使我的教育幸福从此熙熙攘攘，快乐从此溢满心房。

每天都坚持和学生一对一谈话，我坚持着，行动着，记录着。很感动，学生在我面前都敞开了心扉，我们的交流，似亲人般的亲切美好。我也在每天跋涉中拾捡到了岁月的温暖！我爱他们从来不求任何回报。我爱他们，只是出于我作为教师和母亲的本能，我爱他们也只是为了自己内心的安宁和惬意。茫茫人海，大千世界，19 年的教育生活，遇到学生，深爱他们，乃是一种难得的机遇！

来自青海师大附中的"新网师"优秀学员翟小洁在年度叙事中写道："因为我的等待，因为我的耐心，因为我一直知道'师生关系的主动权在老师手里'，才使我们一起积攒了爱和温暖的力量，今后我会努力让他们拥有一双飞翔的翅膀！我知道，班主任工作的喜悦和痛苦是并行的，喜悦是短暂的，煎熬是持续的。十几年来的陪伴和付出，伴着失望与希望，伴着怀疑与信任，伴着动摇与怀疑，我仍愿意以深深的谦卑与忍耐带学生一起去穿越岁月的丛林，找到真正的谜底。"

（二）开展对话交流，用书信打开学生的心扉

在"新网师"课程"静悄悄的革命"中，跟随郝晓东老师学习的过程中，

我读到了伯姆的《论对话》："对话的本质在于它关心的是真正的真理所在，绝不对真理做任何的折中和妥协。它不在乎谁输谁赢，它也不关心谈话是否一定要达到一个结果；它追求的是平等、自由、公正地进行交流和沟通。谈话者之间互相尊重彼此的人格、观点和观念，能够形成充分的友谊感和信任。每个人都认真地倾听他人的意见和想法，每个人也都能彻底地表达出他内心深处最真实的想法和看法，然后让不同的观点和意见之间彼此碰撞、激荡、交融，从而让真理脱颖而出。"

在"新网师"主任李镇西老师的影响下，从2019年6月3日起，我开始给天使班学生写信。16封信，全部都是亲笔书写、一对一交流的纸质书信。在信中，我和乔煜同学谈了"艰难困苦玉汝于成"，和付俊豪同学谈了手机的使用问题，和陈柯羽同学谈了拖延的问题，和华菁菁同学谈了九年级的心理准备问题，和胡丙尧同学谈了家庭教育的问题，和舒欣同学谈了我和她之间的一次教育冲突的思考，和郑一威同学谈了"驯养"问题，和黄超依同学谈了相遇的美好，和许竞文同学谈了写作问题，和符贝贝同学谈了睡眠和潜力的问题，和吕孟阳同学谈了"手游"和转变的过程，和张智恒同学谈了生活的遭遇问题，和张琳同学谈了自律的问题，和王恩林同学谈了如何朝向卓越的问题，和鲁豫同学谈了书写、站姿和语言表达的问题，和马吉龙同学谈了坚持和毅力的问题。每一封信的结尾，我都精选一首经典的诗歌送给他们。每个学生也自觉给我回信，交流自己的感受和内心的真实想法。

我们在书信中对话，用文字的力量来增进师生的感情。很多时候，我们在读信中理解接纳对方，与误解作别，与往事干杯，与一切的不快握手言和。我读学生的回信，会感动，会落泪，会再次感受职业的幸福和满足。我们师生在书信的无声对话中成了彼此之间生命中最亲、最重要的他人。

2019年下半年，我开始给新的班级——君子兰班学生写信，共计12封。主题分别为："欢迎到我校就读""一周回顾和新学期寄语""身体锻炼和自律""初心和诱惑""注意力和高效听课""家长会总结与竭尽全力""校园舞大赛总结及1.01的365次方与0.99的365次方的差别""生命的蓬勃生长""驯养和浇灌""周五背书总结和期末复习心态调整""学期总结和期末备考方法指导"考试答题技巧和新年祝福"。我在书信中为他们加油，他们也在回信中对话自己，回应我的问题和建议。"君子兰"正以美好的姿态迎接新的开始。

2020年春期开始，我又坚持每天给五个学生写留言条。班级里的76个学生，两个月内分别收到了我的三个内容不同的留言条。

一年来，我们师生之间的书信往来已经形成了默契。我们在无声的对话中把心灵靠近。如果要给我们的对话找个目的的话，那就是寻找真正的真理所在，为了实现最自由、最彻底、最无拘无束的交流和沟通，在对话过程中去探索和发现真知与灼见。如果要给对话确定一个结果的话，它期待的是所有人都从中受益，实现双赢、共赢、一赢俱赢。

（三）培养卓越口才，做一个真理的聆听者，构建润泽的师生关系

培养卓越口才作为新教育的"十大行动"之一，我坚持每周开展一次活动。在一次次的活动中，学生们与自我对话，与小组成员对话，与主题对话，与全班同学对话，与老师对话。大家安心地、轻松自如地构筑着人与人之间的关系，构筑着一种基本的信赖关系。天使班和君子兰班是一种气氛，一种关系，一种信任，一种尊重，一种融洽。

（四）坚持专业阅读，让我的胸怀辽阔，也让我气质华贵

"新网师"的课程设置要求学员每天进行读书打卡，我在坚持读书中有了变化。读书改变了我的容颜，洗涤了我的思想，净化了我的灵魂，让我少了许多喧嚣，多了几分从容淡定。在教书育人中有了智慧，有了信仰，多了信念。

仅仅2019年，我啃读的书籍有《静悄悄的革命》《教育的目的》《教育人类学》《儿童的人格教育》《民主主义与教育》《论对话》《精要主义》《我的教育信条》《给教师的建议》《给青年教师的四十封信》《慢船去香港》《教育的十字路口》《重建师生关系》《理想课堂的三重境界》《教师阅读地图》《孩子，妈妈陪你慢慢长大》《孩子，我留什么给你》《李镇西校长手记》《最好的老师不教书》《教学勇气》……我精心批注了几本核心书目，坚持写读书笔记，画思

维导图，参与读书分享，让书中的知识化为自己的精神养料，不断拔高自己的生命高度。

这些年，为了提升自己的阅读能力，我和时间赛跑，一有空就读书。不能读书的时候，比如开车、做饭、洗衣服的时候，我就打开喜马拉雅听书。我听了易中天演讲集和他讲的《魏晋风度》、余秋雨的《中国文化必修课》、杨澜的《一问一世界》、汪曾祺的《趣味人生》、里尔克的《给一个青年诗人的十封信》、阿塔利的《未来简史》……因为我明白：人生是一个短暂的过程，选择了当教师，就应努力在这一职业中找到安身立命之所在。通过阅读，保持一个大的格局，持续不断地滋养生命，积累学术的厚度，永葆年轻时的好奇和勤奋，让自觉的内生力强大起来。这是教师阅读最终的真谛所在。

是书籍给我打开了另一个世界，也照见了我的渺小和狭隘。阅读，构造了我合宜的大脑，重建了我的思维，改变了我认识世界的方式，获得了精神的成长和幸福，美丽了我的容颜，提升了我的气质，也少说了求人的话。是阅读，再造了一个新的自我。

（五）坚持专业写作，让我留下了生命的痕迹，让我拥有穿越尘世的力量

朱永新老师说过："专业写作——站在自己的肩膀上攀升，写教育随笔能够改变教师的行走方式，一个人的专业写作史，就是他的教育史。"从 2013 年开始，每天我都记录教育随笔，2019 年也不例外。每晚 11:00 左右，我会坐在电脑前，用文字把一个又一个的教育碎片拼合成为美丽的图景，就像把散落的珍珠串成了美丽的项链。从开始写到现在，我的教育日记已达 400 万字。书写充实了我的光阴，也给予了我在人世间行走的力量。

在我的带动下，我的学生，还有一部分家长也开始了和我一样的书写。我坚持批阅学生的随笔，在静悄悄的文字交流中，师生互相感染。在长期的积淀中，我们共同得到了提升。我教的学生，至今经常和我进行书信来往，字里行间无不透露着对我的依恋和爱戴。教育因为爱而生智慧，希望自己每天的努力都不是徒劳。不管怎样，我都会坚定信念，直视前方！因为我早已习惯了每天

见证学生的点滴成长，并在其中品味教师的琐碎幸福！

2019 年，我很多篇文章被刊登在"新网师"的公众号上，这给了我信心和动力。还有我的小打卡内容，也多次被置顶，被学友们点赞，让我觉得写作不再是一个人的行走，而是一群人的狂欢。2019 年 8 月 30 日，我开通了个人的公众号，自此，我结束了从博客到 QQ 空间、微信朋友圈，再到简书的写作。公众号建立之时，恰逢开学前夕，加上当时那学期学校工作的调整，我肩负了三个中层干部的职责：七年级的年级主任、校团委书记、校安全办主任。同时，还担任班主任工作和英语教学工作。每天忙完学校的工作，回到家中都是晚上 10:00 左右。先进行打卡，再开始写作。整个 9 月，我每天平均只休息 4 个小时，身体差点出了问题。但是，即使在最艰难的时候，我也没有想过要放弃我的写作。正如博尔赫斯所说："我写作，是为了光阴的流逝使我心安。"

每天的记录称不上写作，然而却是中年的我与世界热情相拥的温暖。这样的温暖让我意识到记录不仅是孤单、独立的存在，更是丰富、利他的融化。一个人活着、写着，倘若只是风花雪月、卿卿我我、评职必需，写作承载的不过就是"一个人"的脚步而已。若是写着、唱着，和着一群人，关照着一些人，写作就会是自己心里的一团火、一个班级的一种希望……也是我在中年能担责的一件武器。

（六）利用现有资源，自费为学生开发丰富多彩的生命课程

朱永新老师说："谁站在教室里，谁就决定着教育的品质。"当我身处某间教室的时候，我没有过丝毫的懈怠。因为我知道：在我的手里，捏塑着几十个孩子的灵魂，是我，决定着孩子们生长的方向。尤其是那些家庭教育不到位的孩子，可以说，我就是他们最后的加油站。因此我结合我的英语教学，自费开展了不同形式的课程。比如"生日庆典""快乐圣诞节""遇见感恩节""美食节""我型我秀时装节""幸福母亲节""父亲节""一起来过端午节""诡异万圣节""拥抱"等。

在一间间具体的教室里，在一个个具体的课程中，在一个个具体的生命故事里，我让每一个来到学校的孩子都在这里找到朋友，找到精神标杆。而我作

为党的一名教育工作者，就是学生在航行旅程中的一盏灯，照亮每一个学生前方的路。

（七）坚持走在家访的路上，用脚步丈量对教育的朝圣

进入"新网师"学习之后，通过啃读苏霍姆林斯基系列丛书，我认识到我必须坚持利用寒暑假时间家访。为了全面帮扶农民工子女，每个假期我都会走进农村家庭，用脚步丈量着家校之间的距离。几万里的家访"长征路"上，洒落着我的汗水和泪水。我在每一条乡道上奔跑，我在每一家面和语灼，我为每一个孩子启智润心。在家访这场温暖的相遇中，我通过教育一个孩子，带动一个家庭，把我们教育的温度、高度、深度和厚度推向新的境界！

三、2020 年至今：综合阶段

经过了浪漫阶段和精确阶段，我也抛弃了细节和积极使用原理的阶段，所有的知识细节已经退却到下意识的习惯中。正如郝晓东老师在书中所说："复归浪漫，智慧增加，知识减少，又萌发了新的兴趣、困惑和好奇。"

我不再视工作为负担，尤其是班主任工作，我已经可以游刃有余地轻松完成，明白在学生的哪个阶段应该进行哪一项活动和教育。遇到问题不再恐慌、不再找人求救或者翻阅书籍，而是能迅速冷静地做出判断，想到办法，立即行动。

我开始视学习和阅读如呼吸般自然，把个人成长看作是最大的财富。如郝晓东老师所讲，主动选择，创造学习的环境，主动靠近本领域的高人。一方面尊重日常习俗，对生活细节、礼节不是非常计较；另一方面，对关乎专业、学习之事十分敏感，对敬佩的高人格外尊重。一方面对选择挚友十分挑剔，倾向于与尺码相同者深交；一方面又深谙各种世故人情，但始终保持活泼的童心、童真、童趣。

回望自己认真走过的路，我从来没有渴求任何的荣誉和光环，但是，回报总是蜂拥而至。以 2020 年为例——

3月，郝晓东老师的一篇《新网师里的"拼命三郎"》，让我深夜不能入睡。自己努力一点点，便被看见，被鼓励，成了我新年启程的号角。

4月，工作室主持人秦守洁老师写了一篇《学习德静好榜样》。秦守洁老师厚重的文字，又成了我的光源。是她的知性优雅、容载万物、美德坚卓引领我不断前进。

5月，获得卧龙区区委宣传部举办的卧龙区首届书香卧龙"书香个人"荣誉称号。

9月，卧龙区教师节表彰大会上，全区领导干部和教师代表，观看了专题片《教育，让卧龙更加美好》。我有幸成为片中的主角，接受来自区长的大礼包，并被评为"卧龙区首届教书育人楷模"。

11月，在"卧龙区战胜新冠疫情表彰大会"上，我作为特邀嘉宾发言，赢得在座的1000多名领导和老师的热烈掌声。

12月，2020年"卧龙十大教育新闻人物"揭晓，我荣幸地成为其中一员。

回眸匆匆走过的岁月，所有的荣誉皆为过往。我深深明白征途漫漫，唯有静心，保持清醒，继续沉潜。

（工作单位：河南省南阳市第七中学校）

愿作桃林一点春

李苑桃

三毛说："岁月极美，在于它必然的流逝，春花、秋月、夏日、冬雪。"春去秋来，不舍昼夜，跟随极美的往事韶光，转瞬，已是 37 个轮回。2016 年春，大学毕业后第七个年头，我辞去上市公司的企划职位，奔赴教育的十里桃林。一晃，已八度春秋。

朱永新老师在《新教育年度主报告》中写道："对待教师，有三种境界。一是把教师作为职业，二是把教师作为事业，三是把教师作为志业。"八年里，一日一日来，一步一步走，我不仅丈量了时间的长度，也穿越了教师职业境界的跨度。从不得已以教师为职业，到不自觉把教师当事业，再到不后悔以教师为志业，我感受到了前路茫茫的无着，付出了兢兢业业的修持，领略了柳暗花明的喜乐。今天，第一次写职业生涯叙事，摩拳擦掌，心生雀跃。

一、不得已，我以教师为职业

清晨，如果只是一段流逝的光阴，那黎明便不会来。让人目眩的光芒，犹如黑暗。唯有我们醒觉之际，天才会破晓，破晓的，不只有黎明。太阳，只是一颗晨星。

——梭罗《瓦尔登湖》

教师成长的奥妙：榜样教师这样做

"晴晴妈妈，我发现和爷爷说话，爷爷好像听不清，如果方便，您最好多接送孩子。"放学时幼儿园老师对我说。

"妈妈，今天路口没人，爷爷载着我闯红灯了。"晚上睡前女儿对我说。

2016 年 2 月的一夜，我辗转反侧，决心取舍。当天空泛起鱼肚白，我从床上爬起来，写下辞职申请书。这不是一时冲动，而是思考多日后的选择。我每天早晨 7:10 要出门上班，即使不加班，下班回到家也要晚上 6:00 多了。女儿呢，每天 8:00 前到校，下午 5:00 准时放学。我正好完美错过接送女儿。公公 70 多岁了，年迈、体胖、耳背，每天骑车接送女儿，一老一小，安全问题着实让人担心。当面对恐惧的事，面对不安的心境时，最好的克服方法就是面对它。是的，在压下最后一根稻草后，我决定面对我的困境。

2016 年 3 月交接完毕，我正式从天津某上市公司离职。如果说换一份工作不容易，要重新熟悉人，熟悉事，熟悉公司，那么换一个行业就更艰难。2016 年 4 月，通过面试及试岗后，我入职"学大教育"，成为一名全职语文教师。我深知，机会总是青睐最努力的人。为了把涉及的中高考知识点归纳总结，琢磨如何讲精讲透，我常常学习到凌晨。还记得第一次试听课，我给一个高三的学生讲了两个小时的诗歌鉴赏。下课后，等候在外的家长问孩子"感觉怎样""愿意跟这个老师学吗"等问题，得到孩子肯定的回答后，家长立即缴费报课。欣喜之余，我也警醒自己，每一次机会都要全力以赴。因为幸运，也因为努力，最初学大教育给我预约的试听学生，我都成功拿下，工作慢慢打开局面。

2016 年 8 月，我突然接到了武清第十一小学教务主任的电话。她问我愿不愿去十一小学做代课语文教师。女儿当时刚好报了十一小学的学前班，而我也想尝试班级授课，所以欣然同意。刚刚适应了机构的模式，刚刚熟悉了高三、初三的知识及讲授技巧，又要转战小学，又是一轮新的考验。初登讲台，面对着 50 多名四年级的学生，我经历了重返小学校园的陌生，经历了控制课堂秩序的无措，经历了校级公开课的狼狈。但我不曾退缩，因为我知道，无论怎样我都要面对它。

2017 年 4 月，是我第二次考取教师编制的机会，也是最后一次机会。

2015 年 11 月，我第一次业余参考，竟然取得武清区教师招聘考试笔试第十名的成绩，虽然面试试讲落榜，却让我看到了希望。面对最后的机会，我分外珍惜，哄睡女儿后，要么学习到凌晨，要么黎明起床，笔记本记了满满三本，高考题做了一本又一本，随时练习打磨试讲……这一年，武清区教师招聘考试时间调整延后，和宝坻区同日考试；这一年爷爷奶奶相继离世，我多次奔波在宝坻与武清，路虽不远，却颇感劳顿，我决定离爸爸妈妈更近些，考宝坻的教师编制。

也许注定无缘，终究未能如愿。年至三十，不用再挣扎考编了，我选择走进民办学校。2017 年 7 月，北大宝坻附属实验学校（后改名为天津市宝坻区青鸟北附实验学校）招聘语文教师，我去面试，应聘成功。虽未走进公办学校，但在生活危机的裹挟下，我成功进行了职业转场。当老师成为我解决生活困境的路径，学校也是我养家糊口的谋生之所。青鸟北附实验学校是我真正意义上教师职业生涯的开端，一晃至今，已七载寒暑。

二、不自觉，我把教师当事业

一个人至少拥有一个梦想，有一个理由去坚强。心若没有栖息的地方，到哪里都是在流浪。

——三毛

"这种类型的教师，把职业作为实现个人价值的舞台，他们渴望来自他人尤其是学生的肯定，工作往往会成为他们生活的核心，关系着他们的喜怒哀乐以及成就感。"朱永新老师这段把教师作为事业的阐述与我的实际情况极为吻合。入职青鸟北附实验学校后，我担任一年级一班班主任兼语文教师，每个上学日，我早上 6:00 多离家，晚上 8:00 多进家，工作占据了我一天 24 小时中的 14 小时，占比 60%。我的喜怒哀乐也总是被工作所左右。

《新教育年度主报告》中写道，河南焦作一位新教育"毛虫"曾经追问："我耗尽我生命的大部分时间、精力与感情的职业，我能够对它默然吗？如果我不能让我的生命在我的职业中发光，我活着还有什么意义？"我也渴望我的生命在职业中熠熠生辉，当然即便真的不能发光，我肯定也不会死。但教师这个职业，是我大费周章的选择，我珍惜；是我历尽沧桑后的抉择，我热爱。我欣然将自己人生的意义编织到学生的成长中去。我坚信，教室是学生栖居的沃土，课堂是我生命价值展现的阵地。

教室、宿舍、食堂、操场，是我们这所寄宿制学校里学生的支点；安全、教学、卫生、纪律，是我们小学教师忙碌的重点。每天的工作很琐碎，如果你的方向、意志不够坚定，很有可能在忙忙碌碌中淹没。只有走好必须走的路，才能走想走的道路。我想证明自己，我渴望成长，渴望成功。无论多忙，我都坚持仔细备课、上课。语文书上、教参书上总有我详尽的批注；我认真上课，每一堂课我都不愿意敷衍，尽心竭力，是我给自己的锦囊；我积极参与各级公开课、优质课比赛，每一次都追求彼时的极致。一次，为了摒除杂念，备好一次公开课，我跑到蓟县的一间山景房，从晚上 9∶00 到早上 6∶00，修改了整整一夜的教学设计，很多同事都觉得太辛苦，而我觉得值得和幸福！

偶然翻到的一本书中写着："知道有四层境界：一不知道自己不知道，二知道自己不知道，三知道自己知道，四不知道自己知道。"当我在教育这条路上渐行渐远，我从不知道自己不知道的无知无畏，进化到知道自己不知道的忧心忡忡。当我带着我的学生，从一年级升到二年级、三年级……我开始恐惧。恐惧什么呢？恐惧误人子弟！恐惧我不能把这群孩子带好！在我心中，孩子是被送到望远镜前来观察星星的，在孩子心中，我是给予他们璀璨星空的自由通路。我怕我这条通路不够宽敞，不够豁达。

也许是上天怜悯我一片热血丹心，却踽踽独行，安排我在 2020 年春遇见了"新网师"。我逐渐走入"专业阅读 + 专业写作 + 专业交往"的教师专业发展的"三专"模式。我在专业阅读里吸纳，站在大师的肩膀上前行；在专业写作里梳理表达，在自己的肩膀上攀升；在专业交往中，在集体的肩膀上飞翔。在"新网师"，我这只井底之蛙成功跳出井口，领略教育世界的天宽海阔。

2020 年春季学期至 2023 年秋季学期，我先后选修了"语文研课""教育写作""通识课""王子微课""整本书阅读""文学鉴赏""教师专业阅读与专业写作"中小学语文诗词鉴赏与教学"八门课程，三次荣获榜样学员。阅读了《理想课堂的三重境界》《生命中最好的语文课》《爱心与教育》《唐宋词十七讲》等几十本专业书籍。2021年5月在郑州参加共读营共读《教学勇气》，2021年7月在成都参与共读《非理性的人》。在学习中我逐步建立了专业自信，构筑了内心的世界景观。我心怀恐惧，但是却不置身于恐惧。我相信我是适合教育这条路的，我一定能够给予我的学生璀璨星空。"相信种子，相信岁月。"学生是种子，我们教师又何尝不是研究教育教学的广袤原野上的一粒种子，经过"新网师"的滋养，必然会萌芽、开花。

2023年7月，我把我的"未来班"送入了初中，也完成了一轮小学一到六年级的教学。六年，两千一百多个日夜里，我就像那只犟龟陶陶，上了路，就天天走，走着走着，教师就成了我的事业。人对生命感知有两种状态，一种是渐进状态，一种是突变状态。渐进状态：麻木乏力、无疾而终；突变状态：突出重围、脱胎换骨。在改行进入教师行业的突变中，我突出重围；在以教师为事业的渐进中，我亦要求自己奋发超越。在突出重围和奋发超越后，我收获了愿作桃林一点春的梦想，停止流浪，我的心在教育行业栖息涵养。

三、不反悔，我以教师为志业

教育事业很难也很美。我们不能停止知更鸟的报晓鸣叫，不能放弃猪的特立独行，不能折断猫头鹰的思想羽翼，不能削弱狐狸与刺猬的博览精专，不能停滞云雀的美妙歌咏，尤其不能歇下蚂蚁耕耘的脚步。

——李庆明

2023年是我进入教师行业的第七个年头，经历了职业探索期、职业成长期，接下来很可能是职业高原期，滑入职业倦怠的七年之痒。极有可能如此。送走了"未来班"后，我接手了一个极差的班级的语文课。我期待能用我的教育知识，能用耐心、爱心、责任心改变这些孩子。然而挫败成了家常便饭，一堂课中要用至少三分之一的时间维持纪律，常常乘兴上课，败兴下课，我的教

　　　　　　　　　教师成长的奥妙：榜样教师这样做

学走进至暗时刻。很多个气到要爆炸的瞬间，我理解了为什么有的老师说别跟我谈教育情怀，我理解了为什么有的老师躺平度日，是的，我懊恼教了一个如此费劲的班级。然而我还是不愿意放弃，我翻起一本本教育书籍，从中汲取力量，屡败屡战，屡战屡败，当然偶尔也会掺进一点甘甜。

我渐渐把任教这个班级当成了一个研究课题，学以致用，调整教学方法，和孩子们建立良好的关系，了解孩子们的爱好，分享有趣有价值的书籍……我深深理解了教育路上并不都是欣欣向荣、花团锦簇，也会有落花流水、荆棘丛生。看着叛逆嚣张又脆弱的孩子，我会思考他为什么会这样，怎样才能让他变得更好。我开始思考教育的意义，我开始深刻感受到我所做的教师工作的意义，我愿意克服恐惧与疲惫，迈出下一步，是的，我想抓起沙子，磨砺出珍珠。

我想，思考方式的变化，与读书有关，也与工作职务的变化有关。2018年9月，我被提拔为语文教研组长，2021年9月担任教务处副主任，2023年9月担任教务处主任。这不仅是我这只犟龟教育路上的额外庆典，也使我的视野逐渐从一个班级扩大到一个学部，从单一学科延展到全面育人。

为了更好地沉潜，2024年1月，我加入了新教育教师读书会，担任校长读书社群助理，共读了《如何定义、评估和改变学校文化》《学会关心：教育的另一种模式》《教育改革的"中国问题"》《学校如何运转》《领导力：如何在组织中成就卓越》等管理类书籍。有人说教育就是迷恋他人的成长，越深入越是感受教育生活需要幸福完整。

在且学且行且思中，我的桃源理想日益丰满。教师职业不是我的初恋，我从事过客服、文案、企划的工作，在电子商务公司、房地产公司、玻璃制造公司都工作过。但是经历了在教师行业的浪漫、精确、综合的过程，我还是最爱教师的工作，在看透了教师这份工作后，依然热爱。我愿意将自己的余生与教师融为一体，愿意以教师为志业，擦亮星空。

朱永新老师说："这种类型的教师，把职业视为宗教，为意义之旨归，职业与生命融为一体。对于教师职业的深刻理解和执着信念，会驱使他们通过学生的卓越发展，使自己的生命得以丰富扩充。"既以教师为志业，我必如海德格尔所言："前行不止，无须迟疑和退避，健行于你寂寥的小径。朝暾渐朗，攀上群山之巅……"

四、结语

朱永新老师说："如果说一个人一生的意义都是源自'我是谁'的追问，那么，他的职业本来应该是对'我是谁'这个根本问题的最终回答。"我是谁？前世无从考证，来世不可预测，但今生今世我是李苑桃。参加教招考试时，一位检查准考证的工作人员第一次见我的名字便赞不绝口，他说："李苑桃，这名字简直是为做教师而起的。"

我想，桃李满天下的愿景有些奢想，但桃李满苑，应该不难。积极暗示自己，逐梦教育，我愿作一点春风，吹开桃之夭夭，灼灼其华；我愿作一点春雨，滋润桃之夭夭，其叶蓁蓁。苏格拉底说："世界上最快乐的事，莫过于为梦想而奋斗。"我知道梦想不会发光，逐梦教育的我自己才自带光芒。

（工作单位：天津市宝坻区青鸟北附实验学校）

后　记

王小龙

出版在即，作为本书从组稿、编排到最终定稿的全过程见证者，我无法按捺内心的激动。

本书的缘起是"新网师"执行主任郝晓东老师要求"新网师"学员以《书写教师的生命传奇》为理论工具，回顾自己从事教育以来的经历，结合一学期学习的收获和感触，从理解职业、教育、自我三个角度，撰写一篇职业生涯叙事。

这是一份极富创造力的作业，对于写作者而言，意义非凡。我们每个人都生活在忙碌中，忙着工作，忙着家务，忙着应酬，被琐碎且沉重的各种事务包围。生命短暂，时光匆匆，在忙碌中，岁月正大踏步走向终点。我们需要停下来，想一想，我们所从事的职业到底有什么意义？我们还能感受到其中的意义吗？

要完成这份作业，难度不小。正值期末年底，学校的工作，临近年关的家务，让学员们疲于应付，更何况还有"新网师"历年来固定的年度作业——"年度生命叙事"。抛开时间紧不说，职业生涯叙事要求教师反省多年当老师的经历，通常而言，人不愿意面对过去。

困难面前方显卓越。"新网师"学员既然理解了这份作业的意义，那就一定会尽最大的努力去迎接这艰巨的挑战。1197 份作业，是"新网师"学员对职业生涯沉甸甸的思考。

如何选出优秀的作业并评选出相应等级？马上要做的便是组织评审人员。我联系了学员赵凤金老师。赵凤金老师没有丝毫犹豫，立刻答应，并很快招募到了 20 名担任评审的义工。那是一年中最忙碌的时候，可听到"新网师"的召唤，大家迅速投入工作。现在想来又是一阵感动。

为确定合适的评选标准，大家反复阅读作为理论依据的年度主报告。经过几轮研讨后，确定第一轮初选的审核标准为：

1. 教育教学实践优秀；
2. 运用所学理论反思自身教育实践；
3. 故事选择有意义，让人读后有启发，重视细节呈现；
4. 文字可读性强，有感染力；
5. 字数控制在 6000 字左右，优秀者可以突破限制。

标准确定了，再确定评选流程。为了选出真正优秀的叙事作业，不留遗珠之憾，大家选择了两人复评。就是两人一组，分开评，各自出结果。这样在评选时，可多一份把握，避免单人评选的主观偏好，只是工作量又翻了一倍。

首轮评选结束后，我们又组织资深讲师、榜样学员、课程组长组成第二轮评审团队，对首轮结果进行复选。评审标准确定为"故事""意义""张力""真诚"四个维度。同时，强烈建议读者在阅读过程中从这些角度去思考和理解，以有所获。

整个评选过程中，我一方面协调组织，跟踪进度；另一方面也阅读了大量的优秀叙事作品，每每被曲折动人的故事震撼，被饱含深情的文字打动。

每位老师都满怀热情踏上从教之路，忆及初为人师的岁月，字里行间都洋溢着美好。只是，职业生涯漫长，没有一场生命是一路平坦的。卢雪松老师遭遇重大疾病，徐明旭老师经历丧妻之痛，郭筠筠老师婚姻破裂后孤身南下，王宗祥老师承受极为罕见却伤害很深的误解，大家都经历着各种各样无法预料的磨难。

面对这些磨难，那些终将优秀的生命，始终保持着昂扬不屈的姿态。我们欣赏着这样的强者之姿，也感受到生命深处的渴望，渴望成长，渴望尊严，渴望意义。职业或者工作本应成为满足这种渴望的源泉，但大家无一例外地在职业生涯中期感受到了倦怠和迷茫。

如果他们无法在这个关键时刻得到某种鼓励或帮助，那他们的职业生命可能就此萎靡：或者成为应试教育的帮凶进而变身为受害者；或者用职称、课题等标签标榜自己的成就，内心却依然贫瘠；更有可能变得追求自在，游离于评价制度之外。因此，大家的幸运在于，遭遇挫折时，走进了"新网师"。

在"新网师"教师专业成长理论的影响下，大家开始专业读写，并在学习共同体中汲取力量。由此，加入"新网师"的老师们开启了第二次职业成长，开始体悟教师职业之天命所在。专业赢得尊严，使命赋予意义，遇到"新网师"，如同人生峡谷处的转弯，激流中迎来万里江河，生命从此大不同。

所以，希望每位读者都能从这些故事中受到启迪，重新思考生命的意义，重新省察职业的天命。如果愿意，更希望读者尝试将自己的思考书写下来，以此将生命汇入由孔子开创的伟大传统之中，汇入中华文明的伟大复兴之中，真正地摆脱虚无与倦怠，书写自身生命的传奇故事，过上一种幸福完整的教育生活。

成书不易，心存感激。感谢赵凤金、冯美娣、马增信、郭筠筠、姜艳敏、王振铭、唐艳等各位"新网师"义工的付出。他们做了大量的前期评选工作，确定了本书的文稿。感谢周卫梅老师整理、校对书稿，并撰写了各章导言。感谢"新网师"主任李镇西老师、执行主任郝晓东老师对本书的指导与鼓励，没有他们的支持，就不可能有本书。郝晓东老师为本书撰写了精彩的序言，为广大教师的专业成长指明方向，寄予期望。

本书是"新网师"乃至新教育实验在教师生命叙事理论方面的探索，期待为中国的教师教育和教师专业成长贡献一点微薄的力量。但由于个人才学所限，对于职业生涯叙事理论的理解还比较粗浅，不足之处，恳请各位读者多多批评指正，不胜感激。

后　记　　　　　　　　　　　　　　　　　　　　　　　　　　　231